Dr. Klaus Kuntz

Vom Beten und andere Gedanken

AF289479

Dr. Klaus Kuntz

Vom Beten und andere Gedanken

Philosophische Geschichten

Bibliografische Information der Deutschen Nationalbibliothek: Die Deutsche Nationalbibliothek verzeichnet diese Publikation in der Deutschen Nationalbibliografie; detaillierte bibliografische Daten sind im Internet über http://dnb.dnb.de abrufbar.

Verlag: BoD · Books on Demand GmbH, In de Tarpen 42, 22848 Norderstedt, bod@bod.de

Druck: Libri Plureos GmbH, Friedensallee 273, 22763 Hamburg

ISBN: 978-3-7693-0013-0

Inhaltsverzeichnis

Danksagung

Ich danke meiner lieben Frau für ihre skeptische Distanz zu meiner Spinnecke und unserer Tochter Belina für ihre unermüdliche redaktionelle Arbeit, die das Zustandekommen dieses Buches erst ermöglicht hat.

Vom Beten

Wer wie ich die Grundlage seines Glaubens in dem sucht und findet, was uns dazu von Jesus Christus selbst überliefert ist, der kommt an Luk. 11, 1 – 4 nicht vorbei.

Einer seiner Jünger bittet ihn, sie so beten zu lehren, wie Johannes es seinen Jüngern gelehrt hat. Und dann formuliert Jesus die sieben berühmten Sätze, die wir bis heute als Vater unser sprechen. Und an anderer Stelle gibt er auch noch eine Anleitung zum richtigen Beten. „Wenn du aber betest, so gehe in dein Kämmerlein und schließ die Tür zu und bete zu deinem Vater im Verborgenen. Und plappert nicht so viel" (Matt. 6, 7 ff).

Beim Beten geht es also um ein Zwiegespräch zwischen mir und dem Vater im Himmel. Das soll im Kämmerlein hinter verschlossenen Türen geschehen. Und wir brauchen nicht viel Worte zu machen, weil der Vater schon weiß, worum wir bitten, bevor wir es ausgesprochen haben. Und: Jesus hat in dem Zusammenhang auch immer wieder darauf hingewiesen, dass es wichtig ist, den Vater immer wieder und mit Nachdruck zu bitten (so im Gleichnis vom ungerechten Richter und der Witwe Luk. 18, 1-8, aber auch in Matt. 6, 5-13).

Neben vielen anderen Gelegenheiten, in denen Jesus immer zwischen anstrengender Arbeit eine Auszeit zum Beten in der Einsamkeit suchte. Dafür sind viele Beispiele genannt: (Luk. 5, 15-16: Er zog sich aber zurück in die Wüste und betete; Mark. 1, 35 Und am Morgen, noch vor Tage, stand er auf und ging hinaus. Und er ging an eine einsame Stätte und betete dort; Matt. 14, 23: Und als er das Volk hatte gehen lassen, stieg er allein auf einen Berg, um zu beten; Luk. 6, 12 – 13: Und es begab sich zu der Zeit, dass er auf einen Berg ging, um zu beten; und er blieb die Nacht über im Gebet zu Gott). Ein Ereignis aber ist wegen seiner Intensität und Verzweiflung prägend für alle Christen: das Gebet Jesu im Garten Gethsemane vor seiner Verhaftung (Matt. 26. 36 – 44).

In der größten Not, den Tod vor Augen, betet Jesus zu seinem Vater. Im Gegensatz zu den zuvor genannten Anlässen, in denen er sich Kraft für seinen Einsatz für andere Menschen holt, geht es hier um ihn selbst. Dabei lässt er erkennen, wie sehr er nur ein Mensch ist und sich auch als solcher fühlt und verzweifelt, den Machtspielchen der Welt ohnmächtig ausgeliefert.

Das Gefühl kennen die meisten von uns nur zu gut. Not lehrt beten, sagt ja auch das Sprichwort. Deshalb rührt es uns auch so an. Man muss Mitleid haben mit diesem armen, gequälten Mann. Und, das gebe ich durchaus auch zu, ich verstehe als Vater dreier Töchter seinen Vater nicht, der ihm in dieser verzweifelten Lage nicht hilft. Erst viel später habe ich eingesehen, dass sich dahinter ein besonderer Sinn verbirgt.

Dieser Vater lässt ihn nicht leiden, weil er eine sadistische Freude daran findet, dass sich sein geliebter Sohn, in existentieller Not befindet. Jesus ist in dieser Situation dazu ausersehen, als Märtyrer beispielhaft den Weg zu Ende zu gehen, der ihm gerade als Messias, kommender König des zu errichtenden Gottesreiches auf Erden und Gottessohn vorherbestimmt war. So erhält die schreiende Ungerechtigkeit einen Sinn.

Ich gebe zu, dass es mir nicht leichtgefallen ist, dies für mich zu akzeptieren. Etwas hinnehmen zu müssen ohne die Möglichkeit, selbst noch darauf einwirken zu können, das entsprach so ganz und gar nicht meiner Veranlagung. Ein „Das geht nicht" fand sich in meinem Wortschatz nicht. Es musste immer eine Alternative geben. Die galt es zu finden und die Dinge, so schlecht sie auch standen, umzudrehen. Umso größer war die Überraschung, als ich plötzlich die Diagnose

Krebs verkraften musste, gerade in einer Phase beruflicher Höhenflüge. Und die Panik, als ich über die geringen Erfolgschancen einer Therapie informiert wurde. Und dann die Wut über die Schwäche meines Körpers.

Es hat auch lange gedauert, bis ich verstand, warum das Gebet im Garten Gethsemane unerhört blieb, dass es Entwicklungen gibt, die wir Menschen einfach akzeptieren müssen, auch wenn wir nicht verstehen, warum das so ist. Und vor allem, dass man selbst vergeblich betet und bittet und auch alle Angehörigen und Unterstützer mit ihren Gebeten scheitern. Das heißt, der von allen erhoffte und erwünschte Erfolg stellt sich -zuerst jedenfalls- nicht ein.
Dann sind Verzweiflung, Enttäuschung und Ohnmachtsgefühl riesig. Und sehr oft stellen sich dann sehr schmerzvolle Fragen nach Sinn und Zweck des Betens, was bringt das Beten überhaupt? Und noch viel grundsätzlicher geht es darum, zu hinterfragen, was das Beten seinem Wesen nach und wer das Gegenüber ist, zu dem ich bete.

Abbildung: Dorfkirche im Stil einer Bleistiftzeichnung,
KI-generiert mithilfe von Bing Image Creator

Es klingt angesichts der bitteren Umstände, die wir gerade jetzt in Zeiten einer allumfassenden Bedrohung durch ein neues Virus und die vielen Kriege mit vielen Schwerkranken und Toten wenig tröstlich, wenn vor allem von Seiten der obersten Kirchenleitung, aber auch der Pfarrer und Priester daran appelliert wird, für und mit von Krankheit und Tod, Einsamkeit und Verzweiflung Betroffene zu beten. Fürbittengebete sind in großer Zahl im Internet zu lesen.

Alles, was wir nun über das Beten von Jesus selbst hören, heißt: bittet. Wir sollen Gott bitten und das immer wieder und sogar unverschämt fordernd. Und wir sollen das mit wenigen Worten tun.

Aber was mir noch viel wichtiger erscheint, ist der Ort, an wir dies tun sollen: im Kämmerlein, allein und mit hinter uns verschlossener Tür. Jesus entflieht für seine Gebete dem Trubel. Er sucht Einsamkeit, auf dem Berg, in der Wüste oder an sonst einem einsamen Ort. Warum nur? Nun, der Grund dafür liegt für mich auf der Hand: diese Art des Gebetes fordert die volle Konzentration. Da darf es keine Störungen geben, die nur ablenken. Unsere Gedanken, unser Fühlen und unser ganzes Ich muss in diesen besonderen Momenten vollkommen fokussiert sein auf den Adressaten unserer Bitten. Es ist für viele Menschen schwer, sich in der Stille zu ertragen. So ganz ohne Smartphone, ohne Geräusche und Stress ist man plötzlich mit sich allein, mit seinen Sorgen, Ängsten, Nöten und auch seiner Wut. Das ist manchmal ganz schön schmerzhaft, weil man in diesen Augenblicken einmal sehr ehrlich zu sich selber ist. Da kann man sich und anderen nichts mehr vorspielen. Das aber ist die Vorbedingung, die Jesus von uns verlangt, wenn ein Gebet wirklich ein Zwiegespräch werden soll.

Wer oder was ist der Adressat unserer Bitten? Es ist ja zunächst niemand anwesend außer uns selbst. Sind wir dann also selbst der Empfänger? Dann würden wir ja nur Selbstgespräche führen. Dazu müssten wir uns nicht ins verschlossene Kämmerlein, in die Wüste oder auf einen Berg begeben. Steckt also doch mehr dahinter?

Davon bin ich überzeugt. Wer so intensiv mit allem, was er hat und was er ist, in sich selbst verharrt, der gerät in einen besonderen Gemütszustand. Er ist ganz und gar bei sich und er gesteht sich selbst seine tiefsten Sorgen, Nöte und Wünsche ein. Und er ist beseelt von dem Wunsch, dies einmal auszusprechen, weil es ihn bedrückt. Und weil er sich Erleichterung und Hilfe zugleich wünscht. In diesem Zustand der Autosuggestion, der selbst-induzierten Beeinflussung unserer Psyche, von manchen neuro-linguistisches Programmieren (NLP) genannt, eröffnen sich oft ganz überraschende Erkenntnisse und Kräfte. Von Autosuggestion oder NLP wusste Jesus sicher noch nichts. Aber er wusste, dass aus der Tiefe unseres Gemüts, wie es Immanuel Kant bezeichnet, Erkenntnisse in uns aufsteigen, die schon ewige Zeiten als a-priori-Erkenntnisse in uns angelegt sind, die uns Wege erkennen und Kräfte freisetzen lassen, die die gewünschten Ziele erreichbar erscheinen lassen. Wir spüren dann zu unserer großen Überraschung, dass solch geheimnisvolle

Energien in uns vorhanden sind, dass wir ein kleiner und vollständiger Kosmos inmitten des Universums sind. Völlig neue Perspektiven tun sich auf. Das ist mehr als das Ergebnis einer Meditation, die wir zur Selbstfindung vornehmen.

Das durfte ich erfahren, als ich buchstäblich zwischen Leben und Tod hing. Wenn man so tief in sich versunken ist, begegnet man seiner Seele. Dieser besondere Stoff, von dem wir so vollkommen durchdrungen und auch beherrscht sind, gerät ganz plötzlich ins Schwingen. Wir spüren eine innere Wärme und Zufriedenheit in uns aufsteigen. In unserem Körper, dieser bloßen Hülle, wird die Kraft erfahrbar, die hinter aller Materie steht, die die Atomteilchen in Bewegung bringt und sie zum winzigsten Sonnensystem des Alls zusammenhält. Urgrund aller Materie ist ein bewusster, intelligenter Geist. (Vgl. Max Planck in: Die Quantenphysik). Dieser Geist hat die Entstehung des Universums geplant und nach den Regeln der Vernunft geleitet und begleitet. Der englische Physiker Paul Dirac, der 1933 mit dem Nobelpreis für Physik ausgezeichnet wurde, hat dies so beschrieben: „Gott ist ein höchst genialer Mathematiker. Er hat das Universum nach tiefgründigen und feinsinnigen Gesetzmäßigkeiten aufgebaut."

Das klingt aus dem Mund eines überzeugten Atheisten schon sehr überraschend, dafür aber umso überzeugender.

Da wir alle Teil des Universums und selbst ein kleiner Kosmos sind, gilt das auch für jeden Menschen individuell.

Diesen bewussten und intelligenten Geist nenne ich Gott. Darin fühle ich mich durch die vielen Aussagen namhafter weiterer Naturwissenschaftler bestärkt. So haben sich zum Beispiel auch die Nobelpreisträger Wolfgang Pauli, geb. 25.04.1900 in Wien, gest. 15.12.1958 in Zürich, Nobelpreis für Physik 1945 und Werner Heisenberg, geb. 05.12.1901 in Würzburg, gest. 01.02.1976 in München darüber unterhalten, ob Heisenberg eigentlich an einen persönlichen Gott glaubt. Auf diese Frage fragt Heisenberg zurück:" Kannst du, oder kann man der zentralen Ordnung der Dinge oder des Geschehens, an der ja nicht zu zweifeln ist, so unmittelbar gegenüber treten, mit ihr so in Verbindung treten, wie dies bei der Seele eines anderen Menschen möglich ist? Ich verwende hier ausdrücklich das so schwer deutbare Wort <Seele>, um nicht missverstanden zu werden. Wenn du so fragst, würde ich mit Ja antworten (Heisenberg, Positivismus, Metaphysik und Religion 1952, S. 253). Und der Münchner Physiker und Schüler Heisenbergs, Hans-Peter Dürr sagt:" Du kannst nicht von Gott reden, weil Gott eigentlich das Ganze ist. Und wenn er das Ganze ist, dann schließt es Dich mit ein".

Er schließt uns ein, ist in uns, ist ein wichtiger Teil unserer Selbst. Und ich kann deshalb auch mit ihm sprechen. Unser Gebet ist also ein richtiges Zwiegespräch unseres Ichs mit diesem intelligenten Geist, der hinter jeder unserer Körperzellen steckt, der sie bewegt und sie sich erneuern lässt. Und das bedeutet Leben. Das ist die Kraft, die uns bewegt, seit wir von unserer Mutter geboren wurden bis zu dem Zeitpunkt, an dem wir unser irdisches Leben beenden. Dahinter steht der Geist, der mit der Ausgießung zu Pfingsten über, auf und in uns gekommen ist. Die Griechen nannten das Psyche, die Römer Animus. Ich nenne es mit vielen anderen Seele.

Es kann aber auch sein, dass der Geist/Gott die ständige Erneuerung unserer Körperzellen aus uns unerfindlichen Gründen blockiert oder auf Abwege leitet. Dann bedeutet das Krankheit. Die Wissenschaftler können zwar inzwischen viele Arten der Erkrankung diagnostizieren, wissen aber oft nicht, warum sie uns heimsucht, gerade uns, die wir uns als Gute fühlen und nicht den bösen Nachbarn, dem Gottes Gebote völlig gleichgültig sind.

Jesus antwortet auf die Frage, ob die Sünde der Eltern die Krankheit eines Kindes von Geburt an verursacht, mit einem klaren Nein. Aber warum dann das große Leid für Kind und seine Eltern? Weil an ihm die Werke Gottes offenbar werden sollen (Joh. 9, 3), heißt die überraschende Antwort. Da hätte ich mir schon etwas Nachvollziehbareres gewünscht.

Denn worin nun aber die Werke Gottes bestehen sollen, ist für uns kaum oder gar nicht zu erkennen. Kann Krankheit sinnvoll sein? Doch wohl nicht, wenn sie zum Tode führt, oder?

Eine Hilfestellung bietet mir Psalm 90. Darin betet der Psalmist: Herr, lehre uns bedenken, dass wir sterben müssen; auf dass wir klug werden.

Was meint er damit? Er gibt ja nur wieder, was wir alle wissen: wir müssen alle sterben, unabhängig von Hautfarbe, Stand, Bildung, Armut oder Reichtum. Und obwohl wir das wissen, täuschen wir uns darüber hinweg, tun wir so, als sei dies nur eine in ferner Zukunft lauernde Gefahr. Gegen diese Schwäche unseres Geistes betet der Psalmist an. Wir brauchen eine Anleitung dafür, wie wir dieser Schwäche nicht anheimfallen.

Je früher wir uns dessen bewusst sind und je früher wir uns also auf unser unentrinnbares Ende einstellen, desto besser. Dass wir uns das nur ungern vorstellen, wenn wir jung sind und das Leben noch vor uns haben, wie man so gerne sagt, ist verständlich. Und dennoch kann es sein, dass wir nur ein kurzes irdisches Leben haben. So müssen wir das sehen, auch wenn uns das schwer fällt. Das lässt sich umso leichter sagen von denen, die schon viele Geburtstage haben feiern können.

Aber es hilft auch dies:

Wir fühlen im tiefen Gespräch mit Gott, dass er in uns ist, ein Teil von uns, als eine Kraft, die alles an und in uns durch ihre Schwingungen zusammenhält. Der hinter dieser Kraft stehende Geist ist unvergänglich, denn Geist kann nicht sterben. Und das ist es, was Christen die unsterbliche Seele nennen. Wenn unsere Seele aber unsterblich ist, dann darf es uns nicht bange sein vor dem Tod. Den haben wir nicht zu fürchten. Der Körper als materielle Hülle zerfällt, die Seele aber bleibt.

Warum sollen wir aber klug werden, wenn wir an unser irdisches Ende denken? Die Antwort ist für mich ganz einfach zu finden. Wir sollen uns jeden Tag so verhalten, als wäre morgen unser Todestag. Das kann uns aber doch nur lähmen, uns unseren Lebenswillen nehmen, werden manche von uns sagen. Ich sehe das eher als Ansporn, jeden Tag unseres Lebens bewusst zu leben, uns gemäß unserer Verantwortung für

unsere Angehörigen, Ehepartner, Kinder, unsere Umwelt zu verhalten und für sie alle unsere Kräfte zu mobilisieren. Dazu gehört auch, unsere geistigen und körperlichen Fähigkeiten und Talente auszubauen und
voll auszuschöpfen. Sie sind ein persönliches Ge-
schenk Gottes und ein unverdienter Schatz, mit dem
wir nach besten Kräften wuchern sollen. Da halte ich
es mit Oscar Wilde, der sagt: „Ziel des Lebens ist
Selbstentwicklung". Von Selbstverwirklichung, wie
sie uns heute von allen Seiten als wichtigstes Ziel pro-
pagiert wird, ist bei ihm keine Rede. Und Martin Buber merkt dazu an: „Du kannst Dein Leben nicht verlängern, nur vertiefen. Nicht dem Leben mehr Jahre,
sondern den Jahren mehr Leben geben".
Kann man es schöner sagen?
Und weiter heißt das Klugwerden zu erkennen, dass
unser letztes Hemd keine Taschen hat. Wer also ein
Leben lang nur dem Mammon hinterher rennt, muss
auch alles zurücklassen, was er davon angehäuft hat.
Leider fehlt es gerade bei den Superreichen an dieser
Einsicht. Aber es ist für mich und viele andere ein letzter, aber wichtiger Akt der Gerechtigkeit.

Im Ergebnis kann ich nur für mich bestätigen: Beten
hilft, auch wenn wir den Erfolg nicht gleich an Ergeb-
nissen ablesen, messen und erkennen können. Ich
fühle mich gut, wenn ich gebetet habe, auch wenn mir

der ganz tiefe Kontakt zu und mit meiner gottverbundenen Seele und damit dem Universum nicht immer gelingt. Aber ich bin mir sicher, dass zum Beispiel schon ein ehrliches Danke für ein gutes Aufwachen am Morgen für eine gute Nacht oder am Abend vor dem Einschlafen für einen erfüllten oder auch nur erträglichen Tag bei Gott gut ankommen.

Liebe Deinen Nächsten…

Man mag den Menschen Jesus Christus sehen, wie man will, aber man kann sich seiner Wirkung nicht entziehen. Er ist ein pragmatischer Denker, einer der Lehrer, die etwas sagen, wenn sie sprechen. Damit gehört er zu den Ausnahmeerscheinungen, die man sich einfach wünscht, wenn man etwas über sich und die Welt erfahren will. Das hat ihm keiner zugetraut.

Das ist doch der Sohn dieses Zimmermanns Joseph und der einfachen Hausfrau Maria. Woher hat er diese Befähigung zu lehren, woher die profunde Kenntnis der Gesetze des jüdischen Glaubens bis in kleinste Verästelungen hinein? So hieß es, wo immer er mit seinen Anhängern auftrat, er auch nahezu zwangsläufig aneckte. Die Ablehnung und der ihm entgegengebrachte Hass hingen damit zusammen, dass er die Gesetze von im heutigen Sprachgebrauch unsinnigen Novellierungen und Verordnungen befreite und wieder auf ihre Kernaussagen zurückführte. Zudem legte er die bestehenden Gesetze im Sinne einer Humanität und Menschenliebe aus, die zum Staunen anregt.

Abbildung: eine Bibel mit Kerzen und Marienstatue
KI-generiert mithilfe von Bing Image Creator

Doch damit geriet er mit den Professoren, den so genannten Schriftgelehrten, in übler Weise aneinander. Sie waren die Urheber dieser rechtlichen Auswüchse, die den normalen Menschen das Leben so unerträglich machten.

Wir wissen nicht, ob Jesus Lehrer hatte, die ihm dieses Wissen vermittelten. Die Geschichte von Zacharias und Elisabeth, denen auf geheimnisvolle Weise im betagten Alter überraschend noch ein Sohn mit Namen Johannes geschenkt wird, zeigt, dass es im Umfeld von Maria und Joseph und demzufolge auch von Jesus durchaus angesehene Mitglieder des Priesterstandes gab, die durchaus dazu befähigt waren, dem Jungen ihr Wissen zu vermitteln.

Dass Jesus schon als 12jähriger höchst intelligent und an Glaubensdingen interessiert und darin auch schon beschlagen war, kennen wir aus der Begebenheit, als er ohne Wissen seiner Eltern im Tempel unter lauter Erwachsenen sitzt, und sich mit den Fachleuten zu deren großer Verwunderung einen beachtlichen Diskurs leistet. Danach nahm er zu an Alter und Weisheit und begann im Alter von 30 Jahren mit seinem Predigen.

Was aber ist nun die entscheidende Kraft, die diesen Jesus zu dem macht, was wir so an ihm schätzen und was man sich heute mehr denn je wieder von Kirchenleuten wünscht? Nun, einmal ist er ein begnadeter Redner. Dazu wählt er ein ganz einfaches wie wirksames Stilmittel: er veranschaulicht seine Botschaft anhand von sehr realitätsnahen Beispielen, die er Gleichnisse nennt. Dadurch wird verständlich, was er meint. Im Lukas-Evangelium findet sich eine spannende Geschichte. Beteiligt sind Jesus und ein listiger Schriftgelehrter. Er will Jesus versuchen, heißt es, ihn also aufs Glatteis führen. Sie endet in dem Gleichnis vom barmherzigen Samariter. Dieses Gleichnis steht seither für humanes Verhalten, Hilfsbereitschaft und Mitleid, also das, was man gemeinhin unter Menschlichkeit versteht.

Auf die berühmte Frage des Schriftgelehrten, was er denn tun müsse, um das ewige Leben zu erben, antwortete Jesus mit dem Hinweis auf das Gesetz, d.h. auf das Buch Mose, und fragte zurück: Was liest du da ? Der Schriftgelehrte rezitierte textsicher: Du sollst den Herrn, deinen Gott, lieben von ganzem Herzen, von ganzer Seele und von ganzem Gemüt, und deinen Nächsten wie dich selbst. Darauf Jesus: Du hast recht geantwortet. Tu das, so wirst du leben.

Dieses Gebot der Nächstenliebe wird seither als das unverwechselbare Kennzeichen eines Christenmenschen verstanden. Johann Wolfgang von Goethe hat 1783 dafür in Das Göttliche die Worte gefunden: Edel sei der Mensch, hilfreich und gut. Denn das allein unterscheidet ihn von allen Wesen, die wir kennen.
Liebe in diesem Sinne meint nicht die uns so vertraute Zweierbeziehung mit sexuellem Hintergrund, sondern eine tiefe Zuneigung verbunden mit Hilfsbereitschaft.
Doch was ist daraus geworden? Wo und von wem wird das oberste Gesetz, wie es Jesus nennt, noch befolgt? Und warum nur so selten?

Nun, es gibt so viele Beispiele dafür, dass Menschen bei ihrem Versuch, Nächstenliebe zu praktizieren, selbst großen Schaden genommen haben. Denken wir nur daran, wie oft schon Autofahrer, die einem vermeintlichen Verkehrsopfer in der Nacht helfen wollten, plötzlich überfallen wurden, weil man ihnen eine Falle gestellt hatte. Das andere Beispiel von dem Unternehmer, der in München vier Mädchen helfen wollte und von zwei jungen Männern dabei totgeschlagen wurde, ist sicher vielen noch gut in Erinnerung.

Ein ganz wesentlicher Grund liegt aber darin, dass sich heutzutage immer weniger Menschen selbst lieben. Gerade das scheint mir der entscheidende Punkt zu sein. Die Aufforderung lautet, den Nächsten in dem Maße zu lieben, wie man sich selbst liebt. Wem es aber an dieser Eigenliebe fehlt, der kann seinen Nächsten auch nicht lieben. Demzufolge könnte man sich auch Abstufungen an Intensität vorstellen, in denen man sich selbst und damit auch seinen Nächsten liebt.

Was heißt aber, sich selbst zu lieben? Ganz sicher ist nicht das gemeint, was man unter Narzissmus versteht. Dabei handelt es sich um eine Persönlichkeitsstörung, die zu einer Überhöhung eines Bildes führt, das sich der Betreffende von sich selbst macht.

Sich selbst lieben im Sinne einer Voraussetzung für Nächstenliebe meint, sich annehmen mit allen Stärken und Schwächen, mit sich selbst im Reinen zu sein. Wer sich z.B. hasst, weil er unfähig ist, einen Job zu ergattern und deshalb seine Familie nicht ernähren kann, der kann auch seinen Nächsten nicht lieben. Der wird ihm vielmehr eher Abneigung oder gar mit Hass begegnen.

Warum gerät die Liebe immer mehr in den Hintergrund? Dazu gibt Jesus einen wichtigen Hinweis: Weil die Ungerechtigkeit überhandnehmen wird, wird die Liebe in vielen erkalten (Mathäus 24, 12). Damit wird ein konkreter Zusammenhang zwischen Gerechtigkeit und Liebe hergestellt. Fehlt es an Gerechtigkeit, geht eine Voraussetzung für die Liebe verloren. Zunächst einmal fällt dieser Zusammenhang nicht auf. Gerechtigkeit und Liebe sind zwei Begriffe, die sich sehr in der Gefühlswelt erfahrbar machen. Andererseits gibt es für die Gerechtigkeit auch eine materiale Seite im menschlichen Leben. Gerechtigkeit oder auch von den Römern Justitia genannt, stellt eine erhebliche Anforderung an alle Menschen. Sie ist einerseits eine Tugend und zum anderen der Anspruch, einen Ausgleich von durchaus auch widerstrebenden Interessen und die Verteilung von Gütern und Chancen sowohl angemessen zu bewerkstelligen als auch zu erleben.

Es ist sehr überzeugend und geradezu anrührend, wenn der weltberühmte Schauspieler und Sänger

Harry Belafonte die Gerechtigkeit als die entscheidende Kraft in seinem Leben bezeichnet. Und ebenso rührend und überzeugend hat es auf mich gewirkt, als der große französische Widerstandskämpfer Stéphane Hessel in einer Fernsehsendung bei Reinhold Beckmann am 21.02.2011 auf dessen Frage, was ihn, Stéphane Hessel, trotz KZ-Aufenthalt und aller Gefahren im Widerstand so fröhlich und ohne Hassgefühle sein lässt, antwortete: meine Mutter hat mir beigebracht, mich selbst zu lieben. Ich habe deshalb nie an mir gezweifelt und war immer bereit, Glück anzunehmen. Ich habe Glück gehabt. Es gab auch in den hoffnungslosesten Situationen Menschen, die mir geholfen haben. Deshalb kann ich die Menschen lieben. Und deshalb kämpfe ich weiter gegen die Ungerechtigkeit.

Du, meine Seele singe,…

Wohlauf und singe schön. Das klingt gut und verheißungsvoll. Viele von uns haben dieses Lied, das auf Psalm 146 zurückgeht, schon als Kind gelernt und gesungen. Aber wer oder was soll da wem singen? Die meisten Menschen wissen nicht so genau, was das ist, du, meine Seele. Aber jeder von uns, gleich welcher Rasse, welchen Glaubens und welcher Weltanschauung fühlt etwas, das unsichtbar ganz tief in unserem Innern wohnt und wirkt. Viele Menschen sind sogar der Meinung, dass wir alle geradezu eine Sehnsucht nach diesem unbekannten Großen haben und deshalb beständig auf der Suche danach sind.

Dieses Etwas, das der berühmte Chirurg Prof. Dr. Ferdinand Sauerbruch vergeblich bei seinen vielen Operationen in seinen Patienten gesucht haben will, nimmt ungewollt Einfluss auf unser Denken, Fühlen und Handeln. Das geschieht auf ganz unterschiedliche Weise, manchmal kaum wahrnehmbar, wie ein leichter Windhauch, eine zarte Berührung; und manchmal derb und drastisch, mit Kopfschmerzen, Rückenbeschwerden und Magenkrämpfen. Dementsprechend kann dieses gefühlte Etwas beglückend oder beängstigend sein, manchmal sogar bedrohlich. Ich selbst habe es schmerzhaft erfahren müssen, als sich in der größten Krise meines Lebens meine Seele schmerzhaft von dem vom Krebs befallenen Körper getrennt hat. Es war einfach unfassbar, dass der Körper mein Ich im Stich lassen wollte. Er hat dann zwar mit Gottes Hilfe, guten Ärzten und der Unterstützung meiner Familie die Krankheit unerwartet überwunden. Aber diese Erfahrung, die ich wenig später noch ein zweites Mal im Zusammenhang mit einer weiteren Krebserkrankung durchmachen musste, hat tiefe Spuren in meinem Bewusstsein und ganz sicher auch in meiner Seele hinterlassen; in meinem Körper sowieso. Das hat mich an die Geschichte von Jakob erinnert, der auf der Flucht vor Esau mit dem Engel kämpfte, von diesem zwar gesegnet, aber dafür dauerhaft an der Hüfte verletzt wurde (1. Mose 32, 25/26). Ich war nicht auf der Flucht vor irgendwas, sondern auf der erfolgreichen Jagd nach beruflichem Erfolg. Dabei habe ich mich selbst und meine Familie leider bis zum bitteren Absturz zu sehr aus den Augen verloren. Daran erinnern mich täglich die schweren Folgen, die mir nach den Krebserkrankungen geblieben sind. Ich kann kaum noch laufen und nur noch schwer atmen. Aber ich fühle mich dennoch von Gott gesegnet, weil ich den Krebs zweimal überwinden und bis heute weiterleben durfte.

Es ist für mich nicht verwunderlich, dass sich viele Menschen schon seit früher Zeit bemüht haben, diesem unbegreiflichen Etwas, dieser Seele, auf die Spur zu kommen. Eine wesentliche Rolle kommt dabei den griechischen Philosophen Sokrates, Platon und Aristoteles zu. Sie haben dabei aus heutiger Sicht unglaubliche Vorstellungen entwickelt. Ihnen standen alle die neuen Erkenntnisse der naturwissenschaftlichen Forschung nicht zur Verfügung, die heute, wie ein Wink des Himmels, zur großen Überraschung aller Skeptiker bestätigen, was sie gedacht und wir schon immer geglaubt haben.

Und es zeigt sich, dass viele der Vorstellungen der griechischen Denker sehr nahe an die heute als bewiesen geltenden Details heranreichen. Wie nahe, darauf gehe ich später noch näher ein.

Dabei steht Platon ganz im Vordergrund. Für ihn hat der Mensch einen Körper und eine Seele, wobei diese Seele der wahre Mensch und damit das Prinzip des Lebens ist, unsterblich, unvergänglich und unzerstörbar (Nomoi 895e -896a). Während der Körper als Hülle stirbt und danach zerfällt, wandert die Seele zu den Göttern, um dort Rechenschaft abzulegen für das, was sich auf Erden zugetragen hat. Die Seele geht damit zurück zu dem Gott, der sie geschaffen und sie dann in den betreffenden Körper geschickt hat. Seiner Meinung nach hat jede Seele ihren Stern am Firmament. Dort ist ihre Heimat. Dieses Bild greift der französische Dichter Antoine de Saint-Exupéry in seinem wunderschönen Buch „Der kleine Prinz" auf. Auch der kommt von einem Stern und geht dahin wieder zurück.

Es gibt deshalb auch so viele Seelen, wie es Sterne gibt. So könnte sich auch erklären, weshalb „der Anblick des gestirnten Himmels" das Gemüt des Menschen mit immer neuer Bewunderung erfüllt und mit einer Ahnung überzeitlicher Normen (so beschreibt es Johannes Hirschberger in Geschichte der Philosophie, S. 102).

Diese Bewunderung teilt auch Immanuel Kant. Er fühlt sich „durch keinen äußeren Eindruck zu tieferer Ehrfurcht gestimmt als durch den Anblick des gestirnten Himmels" (so zitiert von Max Planck in seinem Vortrag „Religion und Naturwissenschaft", Union Verlag Berlin. S. 31/32).

Abbildung: nächtlicher Himmel im Stil eines Ölgemäldes
KI-generiert mithilfe von Bing Image Creator

Was aber löst der Anblick des gestirnten Himmels in uns aus? Was ist diese Ehrfurcht, die uns erfüllt? Es ist wie eine unhörbare Melodie, die unser Innerstes erfüllt, eine Schwingung, wie sie eine Saite in einem Resonanzboden auslöst, wenn der Bogen darüberstreicht. Für mich ist das eine Reaktion des göttlichen Menschen in uns, wie es Immanuel Kant in seiner Kritik der reinen Vernunft (vollständige Ausgabe, Anaconda Verlag Köln 2011, S. 470) ausdrückt.

Diese Schwingungen, die aus den Weiten des Weltalls kommen, sind physikalisch gesehen Bewegungen von

Elementarteilchen wie Elektronen, Positronen, Protonen Neutronen, die durch eine unvorstellbar große Energie gespeist werden. Dabei können die Masse sowie die elektrische Ladung eines jeden dieser Elementarteilchen durch eine ganz bestimmte winzig kleine Zahl ausgedrückt werden (so Max Planck, a.a.O., S. 26, 27). Sie finden in unserem tiefsten Innern eine starke Resonanz. Unser Innerstes empfängt sie und lässt unseren ganzen Körper mitschwingen. Das kann beglückend, aber auch bedrückend sein.

Und sie zeigen ein Verhalten, das den Schluss zulässt, dass die Natur von einem vernünftigen, zweckbewussten Willen regiert wird (so Max Planck, a.a.O., S. 32/33). Dies folgert er einmal aus dem Energieprinzip. Das erläutert er (a.a.O., S. 30) wie folgt: „...in allen Vorgängen der Natur herrscht eine universale, uns bis zu einem gewissen Grad erkennbare Gesetzlichkeit.

Ich will hier zunächst nur ein einziges Beispiel erwähnen: das Prinzip der Erhaltung der Energie. Es gibt in der Natur verschiedene Arten von Energien: die Energie der Bewegung, der Gravitation, der Wärme, der Elektrizität, des Magnetismus.

Alle Energien zusammengenommen bilden den Energievorrat der Welt. Dieser Energievorrat nun besitzt eine unveränderliche Größe, er kann durch keinen Vorgang in der Natur vermehrt oder verringert werden, alle in Wirklichkeit eintretenden Veränderungen bestehen nur in wechselseitigen Umwandlungen von Energie."

Zum anderen ergibt sich dies für ihn aus dem Weg, den Protonen von einem Stern ins Auge des Beobachters nehmen. Sie wählen unter sämtlichen Bahnen immer gerade die, die die kürzeste Zeit braucht.

Zum gleichen Ergebnis kommt eine Entdeckung, die die moderne Physik gemacht hat. Sie konnte das bisher als „spukhafte Erscheinung" bespöttelte Phänomen entzaubern: man entdeckte das Verschränkungsprinzip. Danach bleiben zwei Teilchen, die einer gemeinsamen Quelle entstammen, über die „spukhafte Fernwirkung" miteinander verbunden (vergl. Rolf Froböse in: Die Physik und die unsterbliche Seele, Sendung des Deutschlandfunks Kultur v. 24.12.2013). Diese Erkenntnis geht auf den Physiker Nicolas Gisin zurück, der in einem Experiment am Forschungszentrum CERN nachweisen konnte, dass der Informationsaustausch zwischen verschränkten Teilchen simultan erfolgt, unabhängig von der Entfernung.

Das aber lässt den Schluss zu, dass jeder von uns an einem Dialog teilnimmt, in dem sich Teilchen seit dem Urknall im gesamten Universum wechselseitig beeinflussen (so Rolf Froböse, a.a.O,). Deshalb sagt der Physiker und Heisenbergschüler Hans-Peter Dürr: „Du kannst nicht von Gott reden, weil Gott eigentlich das

Ganze ist. Und wenn er das Ganze ist, dann schließt er dich mit ein." Und im Rückgriff auf Max Planck fügt er hinzu: "Was wir Diesseits nennen, ist im Grunde die Schlacke, die Materie, also das, was greifbar ist. Das Jenseits ist alles Übrige, die umfassende Wirklichkeit, das viel Größere."

Dieses viel Größere ist das, was Max Planck (a.a.O., S. 35) wie folgt zusammenfasst: „Nach allem, was die exakte Naturwissenschaft lehrt, kann man sagen, dass im gesamten Bereich der Natur, in der wir Menschen auf unserem winzigen Planeten eine verschwindend kleine Rolle spielen, eine bestimmte Gesetzlichkeit herrscht, welche unabhängig ist von der Existenz einer denkenden Menschheit, welche aber doch, soweit sie überhaupt von unseren Sinnen erfasst werden kann, eine Formulierung zulässt, die einem zweckmäßigen Handeln entspricht. Sie stellt also eine vernünftige Weltordnung dar, deren eigentliches Wesen aber für uns unerkennbar ist und bleibt, da wir durch unsere spezifischen Sinnesempfindungen, die wir niemals vollkommen ausschalten können, von ihr Kunde erhalten."

Es gibt sie also, diese mit Vernunft ausgestaltete Weltordnung, die nach einem Plan abläuft, angetrieben und gesteuert von einer energetischen Kraft, die wir als solche empfinden, aber nicht sehen können. Wenn man diese überwältigende, die ganze Natur und die Menschheit einbeziehende Kraft mit Gott gleichsetzt, kommt man zu einem überzeugenden Ergebnis:

Seit dem Urknall, also der bis zum heutigen Tag so bezeichneten Stunde Null des Universums läuft alles geordnet nach einem umfassenden Bauplan ab, der keine Zufälle zulässt. Durch die sogenannte Rotlichtverschiebung des Lichts der Sterne haben die Wissenschaftler entdeckt, dass das Universum eine Struktur aufweist, in der Galaxien untereinander durch Fäden, Filamente genannt, verbunden sind. Sie taumeln also nicht durch das dreidimensionale Weltall, wie man früher befürchtete. Und es gibt den alles bewegenden Impuls, der seit der Stunde Null alles in Bewegung hält. Das erinnert doch sehr an den unbewegten Beweger der griechischen Philosophen Platon und Aristoteles als Gottesbeweis. Da bekommt auch die von dem vorsokratischen Philosophen Heraklit von Ephesos (520-460 vor Chr.) erdachte Formel des panta rhei, des „alles ist im Fluss" eine völlige neue Bedeutung. Dieser Kraftimpuls verbreitet sich durch Wellen. Das sind Felder, die Energie transportieren. Diese Energie kann auch in Form von Masse auftreten. Das ist durch die Einstein-Formel $E = mc^2$ beschrieben, die auch als Relativitätstheorie bekannt wurde. Jede Form von Masse wird durch eine Energie festgelegt und umgekehrt.

Dieses Wechselspiel findet in einer Dimension statt, die neben Länge, Breite und Höhe auch noch die Zeit einbezieht. Was sich in diesem Raum abspielt, können wir nicht sehen, sondern nur messen und zum Teil auch fühlen.

Max Planck (a.a.O.) erklärt uns die Erkenntnisse der Forscher wie folgt: "...Wir können zusammenfassend sagen, dass die physikalische Wissenschaft die Annahme einer realen, von uns unabhängigen Welt fordert, die wir allerdings niemals direkt erkennen, sondern immer nur durch die Brille unserer Sinnesempfindungen und der durch sie vermittelten Messungen wahrnehmen können."

Das betrifft auch das, was wir als Materie bezeichnen. Ihre Festigkeit entsteht durch die negativen Ladungen der allgegenwärtigen Elektronen, die sich abstoßen. D.h., statt Materie, oder anders gesagt, statt festen Stoff spüren wir in Wahrheit nur das Wirken starker physikalischer Kräfte.

Diese Erkenntnis verschafft uns unser Gehirn. Es lässt aus einem Meer von Energiewellen eine Realität entstehen, in der wir uns bewegen und zurechtfinden müssen. Das aber setzt einen langen Lernprozess voraus. Das bedeutet zugleich, dass die Welt Materie und Geist ist. Diese bedingen sich.

Carl-Friedrich von Weizsäcker legt in einem Vortrag vor der Joachim-Jungius-Gesellschaft der Wissenschaften e.V. mit dem Titel „Jenseits von Geist und Materie" (nachzulesen in „Die Zeit" Nr. 28/1951, zitiert in Zeit Online) dar, welche Veränderungen die Physik im 20. Jahrhundert erlebt hat:

„In der Quantenmechanik wurde die Qualität von Welle und Korpuskel aufgehoben. Anstelle eines Atommodells, etwa eines kleinen Planetensystems treten mal mechanische Symbole (Heisenbergs Matrizen oder Schrödingers Differentialgleichung). In manischen Gebilden, in Formen, die uns unser eigener Geist mit dem Vermögen des „reinen Anschauens" (Kant) selbst erschafft, können wir Strukturen eines Gesamtwirklichen erfassen, in dem der Dualismus von Objekt und Subjekt aufgehoben ist."

Der Heisenberg-Schüler und Mitarbeiter Hans-Peter Dürr (geb. 07.10.1929, gest. 18.05.2014; Friedensnobelpreis als Mitglied der Gruppe Pugwash 1995) geht auf diesem Weg noch weiter. In einem Interview, das er im Alter von 78 Jahren der P.M. gab (erschienen in Heft 5/2007) stellt er fest:

"Im Grunde gibt es Materie gar nicht. Jedenfalls nicht im geläufigen Sinne. Es gibt nur ein Beziehungsgefüge, ständigen Wandel, Lebendigkeit. Wir tun uns schwer, uns dies vorzustellen. Primär existiert nur Zusammenhang, das Verbindende, ohne materiell

Grundlage. Wir könnten es auch Geist nennen. Etwas, was wir spontan erleben und nicht greifen können. Materie und Energie treten erst sekundär in Erscheinung, gewissermaßen als geronnener, erstarrter Geist. Nach Albert Einstein ist Materie nur eine verdünnte Form der Energie."

Diese entscheidenden Vorgänge, die sich in der Raum-/Zeit-Dimension abspielen, bleiben uns derzeit noch verborgen, weil es unser Gehirn -noch- nicht gelernt hat, sie uns begreifbar zu machen. Aber das werden wir noch erreichen, wenn sich die Menschheit nicht zwischenzeitlich selbst zerstört.

Unter Umständen liefert uns aber die Computertechnologie vorher noch den einen oder anderen Einblick. Die Raum/Zeit/Licht-Problematik beschäftigt die Naturwissenschaftler weltweit und hat jetzt schon eine völlig neue Sicht auf die Dinge eröffnet, die zuvor nur Gegenstand philosophischer Überlegungen, des religiösen Glaubens oder des Schamanismus waren. Das macht Mut zu weiterem Erkenntnisgewinn. Das betrifft auch den Einsatz von IT.

Neben der rein naturwissenschaftlichen Betrachtung gibt es aber auch die religiöse Bewertung oder die Erfahrung. Dieses Etwas, dieses Verbindende ohne materielle Grundlage, das Naturwissenschaftler auch

Geist nennen: ist es das, was uns alle, den Kosmos in Bewegung und zugleich zusammen hält; von dem Jesaja (63,14) spricht, vom Ruach, vom Geist des Herrn? Dieser Geist ist ein Grundelement im Neuen Testament. Nach Matth. 1, 18 -20 und Lk. 1, 35 empfängt Maria ihren Sohn Jesus durch den heiligen Geist. Dieser Heilige Geist kommt nach Matth. 3, 13-17 auf Jesus nieder, als er nach seiner Taufe aus dem Wasser steigt. Und Jesus erwähnt diesen heiligen Geist im Missions- und Taufbefehl an seine Jünger (Matth. 28, 19).

Schließlich erleben die Jünger Jesu die Ausgießung des Heiligen Geistes, als sie nach der Auferstehung an Pfingsten zusammen waren (Apg. 2, 1-41). Erst war da ein Sturm. Dann setzten sich kleine Flammen auf ihre Köpfe. All das beschreibt, wie Gott in Form des Heiligen Geistes erneut in die Welt kommt.

Anders ausgedrückt: der alles beherrschende Geist Gottes wird spätestens ab diesem Zeitpunkt für alle Menschen sichtbar.

Für Platon war dieser alles umfassende Geist als die Seele das Prinzip des Lebens (Nomoi 895e – 896a) und damit unsterblich, unvergänglich und unzerstörbar. Und diese Vorstellung wird durch die naturwissenschaftlichen Erkenntnisse nicht nur plausibel, sondern durch Messungen nachprüfbar. Damit löst sich auch der der alte Streit zwischen Naturwissenschaft und Religion darüber auf, ob es Gott geben kann, oder ob das nur eine Erfindung der Theologen ist, die ihn, wie manche boshaft behaupten, als Opium für das Volk nutzen. Werner Heisenberg hat das so treffend formuliert: „Der erste Trunk aus dem Becher der Naturwissenschaften macht atheistisch, aber auf dem Grund des Bechers wartet Gott."

Und wenn es den Gott der Bibel gibt, dann gibt es auch die unsterbliche Seele. Aus diesem Grund darf man das Neue Testament mit tiefer Zuversicht lesen. Jesus selbst spricht an zwei Stellen von der Seele. Im Gleichnis vom reichen Kornbauern (Lk. 12, 16-21) wird diesem zugerufen: „Du Narr, diese Nacht wird man deine Seele von dir fordern." Das bedeutet hier konkret: in dieser Nacht wirst du sterben. Aber entscheidend ist nicht das Sterben, sondern die dahinter liegende Katastrophe: der völlige Untergang des Kornbauern. Er feiert sich und seinen Reichtum, statt Gott zu danken. Damit verspielt er die Unsterblichkeit seiner Seele, als er nach großer Ernte sagt: „Seele, du hast viele Güter liegen auf viele Jahre. Ruhe aus, iss und trink, sei fröhlich". Das heißt, er macht seinen Reichtum zum Gottesersatz. Und genau da sagt der wahre Gott: Du Narr, du wirst deine Seele verlieren. Und das ist das absolute Aus für dich. Denn deine Seele ist das, was bleiben würde von dir, wenn dein Leib stirbt. Aber jetzt wird alles von dir ausgelöscht. Heute würden wir sagen:

deine Festplatte wird gelöscht und auch in der Cloud gibt es keine Daten mehr von dir. Es bleibt nichts übrig.

Das Gleichnis erinnert an den fatalen Tanz der Juden um das goldene Kalb, das sie als Ersatzgott anbeteten, als Mose auf dem Berg Sinai die Gebote erhält (2. Mose 21-35). Johann Wolfgang von Goethe hat das Problem in seiner Tragödie „Faust" aufgegriffen. Auch sein Dr. Faustus verkauft seine Seele an den Teufel, der ihm dafür Allwissenheit verspricht; und erlebt seine persönliche Katastrophe.

Ein anderes Mal (Lk. 10.37) lässt Jesus einen Schriftgelehrten aus 5. Mose, 6 zitieren: Du sollst Gott deinen Herrn lieben mit ganzer Seele, ...von ganzem Herzen und allem Vermögen.

Das bedeutet: Gott will den Menschen voll und ganz haben, mit allem, was er hat, was er denkt und fühlt, ohne Vorbehalt und restlos. Das geht aber nur, wenn wir uns bemühen, uns dem göttlichen Menschen in uns immerwährend anzunähern, so, wie es Immanuel Kant beschreibt. Wir werden dieses Ideal zwar nie erreichen können. Aber wir dürfen nicht aufhören, immer besser zu werden. Auf diese Weise sollen wir uns mit unserer Seele auseinandersetzen.

Das kann man sich auch so vorstellen: alle Menschen bekommen mit der Geburt eine Seele geschenkt, vergleichbar einem Rohdiamanten, einem unansehnlichen dunklen Stein, verborgen in ihrem tiefsten Inneren. Daran sollen sie arbeiten. Wenn sie das fleißig tun, wird er immer heller, strahlender und wertvoller. Je mehr er strahlt, desto stärker dringt sein Licht nach draußen, so dass es für die Mitmenschen sichtbar wird. Solche Menschen haben dann das, was wir eine Aura oder auch ein Charisma nennen.

Und was ist nun die Seele, die schön singen soll? Sie ist ein Stück der immerwährenden und unerschöpflichen Energie, die im Kosmos seit seiner Entstehung vernunftgesteuert wirkt und auch uns umfasst. Und die manchmal auch aus uns heraus strahlt, wenn wir bewusst und sorgsam damit umgehen.

Für uns Christen ist es unser Anteil am Geist Gottes, der weiterlebt, wenn unser Körper stirbt. In der Schöpfungsgeschichte 1. Mose 2, 7 lesen wir dazu: „Und Gott der Herr machte den Menschen aus einem Erdenkloß und blies ihm ein den lebendigen Odem in seine Nase". Dieser Lebensatem, den die Griechen Psyche und die Römer Animus nennen, beschreibt, wie sich die Verfasser der Genesis die hinter der Materie stehende Energie vorstellten. Für mich ein wunderbares Bild.

Jesus und die Sünde der Wiederverheiratung von Geschiedenen

Die christlichen Kirchen insgesamt und die katholische Kirche im Besonderen tun sich schon immer sehr schwer mit Veränderungen im Bereich Ehe und Familie. Die Zahl der Ehescheidungen steigt unaufhörlich, ebenso die der Wiederverheiratung. Patchwork-Familien, Homo-Ehen, Single-Haushalte und Bigamisten sind gegenüber der herkömmlichen Familie Vater, Mutter, Kind auf dem Vormarsch. In den meisten Fällen wird Empfängnisverhütung betrieben, in steigender Zahl aber auch abgetrieben. Demgegenüber steigt die Zahl der Fälle von künstlicher Befruchtung, Samen- und Eizellenspenden und Leihmutterschaft.
Man mag das nicht alles als gut empfinden. Vieles ist illegal, manches bedenklich, weil es den Keim einer Dekadenz in sich trägt, die auf Dauer zur Implosion des liberalen Gesellschaftsmodells führen dürfte. Deshalb werden alle diese Lebensmodelle und Entwicklungen pro und contra diskutiert, auch innerhalb der christlichen Kirchen. Während die evangelische Glaubensgemeinschaft manches etwas lockerer sieht, tragen die Katholiken sehr viel schwerer an der Infragestellung ihrer vermeintlich unverrückbaren Glaubenssätze.

In dem Bestreben, als Hüter christlicher Werte diese gegen den Zeitgeist zu verteidigen und zu bewahren, nehmen viele Bischöfe und Kardinäle eine Position ein, die es den Gläubigen zunehmend schwer macht, ihnen noch zu folgen. Das zeigt sich in den Synoden und den bisher erfolglosen Bestrebungen der Kirche von unten.

In diesen Fragen ist die katholische Kirche ebenso zerstritten und zerrissen wie in der Aufarbeitung der unzähligen sexuellen Missbrauchsfälle. Die Folge davon ist ein ungebremster Austritt von Gläubigen aus der Kirche.

Bleiben wir bei der Scheidung und Wiederverheiratung. Sie hat schon zu Zeiten eines Mose erhebliches Kopfzerbrechen bereitet. Das erfahren Bibelleser in der im Matthäusevangelium, Kapitel 19, Vers 3 ff. geschilderten Auseinandersetzung zwischen Jesus und den Pharisäern. Diese treten an Jesus heran mit der Frage: Ist es erlaubt, dass sich ein Mann von seiner Frau scheidet?

Jesus verweist in seiner Antwort auf das erste Buch Mose, Kapitel 2, Vers 24. Dort ist festgelegt: Was Gott zusammengefügt hat, das soll der Mensch nicht scheiden.

Darauf kommt die listige Frage der Pharisäer: Und wenn das so ist, warum hat Mose geboten, der Frau einen Scheidebrief zu schreiben und sich dann von ihr zu scheiden?

Die Antwort von Jesus darauf ist klar und eindeutig: Die Ursache liegt in eures Herzens Härte. Ihr habt es so gewollt und ihr wollt es ja auch heute noch so, weil ihr euch keine Gedanken darüber macht, was danach kommt. Deshalb sage ich euch: Wer sich von seiner Frau scheidet und heiratet eine andere, der begeht Ehebruch, es sei denn, seine Frau hätte zuvor ihrerseits die Ehe gebrochen und damit die Scheidung provoziert.

Auf diese Stelle im Evangelium Christi rekurriert die Kirchenführung, als sie mit Canon 1141 eine entsprechende Vorschrift in das Corpus Iuris Canonici (CIC) aufnahm.

Darin ist festgelegt, dass eine endgültige und vollzogene Ehe durch keine menschliche Gewalt und keine Gründe, außer durch den Tod, aufgelöst werden kann. Seine Bestätigung findet 1141 CIC im Katechismus Nr. 1650. Dabei ist Bezug genommen auf c.840 CIC, wonach die Ehe als Sakrament ein unauslöschliches Heilszeichen darstellt.

Zur Erläuterung: das Corpus Iuris Canonici ist die erste umfassende Sammlung kirchlicher Regeln und Gesetze. Sie wurde von dem Kirchenrechtler Gratian in den Jahren 1139/1140 zusammengestellt. Er gilt deshalb auch als Vater der Kanonistik.

Die meisten Canones sind im Mittelalter entstandene Konzilsbeschlüsse, Papsterlässe oder nach Überarbeitung aufgenommene sonstige Regeln. Es handelt sich demzufolge um eine Zusammenstellung von ausschließlich dispositiven, also von Menschen erlassenen Vorschriften und nicht um „ius divinum", also um göttliches Recht, wie sie etwa die zehn Gebote darstellen. Sie entstammen göttlicher Rechtsetzung.

Dieser Umstand erscheint wichtig bei der Frage, wie es in der laufenden Diskussion weiter gehen kann. Dass es weiter gehen muss, wenn nicht noch größerer Schaden entstehen soll, kann wohl nicht ernsthaft bestritten werden. Denn die Konsequenzen aus c.1141 CIC bedeuten für den Fall der Wiederverheiratung Geschiedener den Ausschluss von der Eucharistie und von der Beichte. Diese Gläubigen werden zu Christen zweiter Klasse, die zwar der Kirche weiter angehören, in wesentlichen Rechten aber massiv beschnitten sind. Damit geht diese Vorschrift über das hinaus, was Jesus Christus in seiner Antwort an die Pharisäer ganz unverblümt und eindeutig festgestellt hat: er unterscheidet zwischen einer Scheidung, die aufgrund des Fehlverhaltens des anderen Partners, etwa eines Ehebruchs, vorgenommen wird und der Scheidung, die aufgrund „eures Herzens Härte", vielleicht aus einer Laune heraus erfolgt. So etwa, weil der bisherige

Partner krank oder dem anderen zu alt geworden oder die Ehe kinderlos geblieben ist.

Fehlverhalten bedeutet Schuld. Das hat das frühere deutsche Recht auch so gesehen. Das sogenannte Schuldprinzip herrschte in Deutschland seit Einführung der Zivilehe im Jahr 1875. Sogar die vor einem „zivilen" Standesbeamten geschlossene Ehe konnte nur ausnahmsweise geschieden werden, wenn ein Ehebruch eines der Ehegatten vorlag. Das aber machte es erforderlich, notfalls mit Hilfe von Detektiven einen als Scheidungsgrund tauglichen Seitensprung oder eine andere Eheverfehlung zu beweisen.

Das führte nicht selten zu skurrilen Situationen, auch zu moralisch und rechtlich höchst zweifelhaften Aktionen mit untergeschobenen oder provozierten und erkauften Beweismitteln. Deshalb wurde 1976 gegen den harschen Protest der Kirche das Schuldprinzip durch das sogenannte Zerrüttungsprinzip (§ 1565 BGB) ersetzt. Danach kann eine Ehe in Deutschland nur dann geschieden werden, wenn sie gescheitert ist. Allerdings ist der Begriff des Scheiterns einer Ehe weit gefasst. Gescheitert ist eine Ehe danach dann, wenn die Lebensgemeinschaft nicht mehr besteht und nicht erwartet werden kann, dass die Ehegatten sie wieder herstellen. Gemäß

§ 49 EheG ist das der Fall, wenn eine schwere Eheverfehlung oder ein ehrloses oder unsittliches Verhalten des Partners vorliegen. Hier scheint also das Schuldmoment wieder auf. Es reicht aber schon das Getrenntleben von drei Jahren (§ 1566 Abs, 2 BGB) für die Annahme aus, die Ehe sei zerrüttet.

Dass die Kirchen gegen die Einführung des Zerrüttungsprinzips im Jahr 1976 scharf polemisiert haben, kann nicht verwundern. Sie sahen den Verfall der Sitten kommen und artikulierten ihren Protest in dem Rundschreiben der Bischöfe vom 07.05.1976 mit dem Titel: „Gesellschaftliche Grundwerte und menschliches Glück". Ähnlich ist die Erklärung des Familienbundes der Katholiken vom 16.12.1975 formuliert.

Vor dem Hintergrund der Regelung in c.1141 CIC erscheint dies aber unverständlich, weil es nach dieser Vorschrift gar nicht auf die Unterscheidung ankommt, ob jemand schuldhaft oder unschuldig geschieden worden ist. Deshalb sollte ernsthaft überlegt werden, ob an dem c.1141 CIC in der bisherigen Form festgehalten werden soll oder ob nicht doch eine Änderung mit Blick auf die von Jesus Christus geäußerte Auffassung überfällig ist. Er stellt ausdrücklich darauf ab, ob die Scheidung wegen des schuldhaften Verhaltens eines Ehepartners erfolgt. Ist dies der Fall, begeht der unschuldige Teil im Falle der Wiederverheiratung keinen Ehebruch. Diese Regelung entspricht der Grundhaltung von Jesus, wonach den Gläubigen Gerechtigkeit zuteilwerden muss. Gerechtigkeit hat für ihn einen hohen Stellenwert, weil er weiß, dass sie für die Liebe eine wesentliche Grundlage darstellt. Nach seiner Überzeugung wird die Liebe in vielen erkalten, wenn die Ungerechtigkeit überhandnehmen nimmt (Matth. 24,12).

Und in der Tat stellt sich die Frage, weshalb derjenige Ehepartner, der sich scheiden lässt, weil ihn der andere Teil betrogen hat, dann auch noch bestraft werden soll, wenn er eine neue Ehe eingeht. Das ist ein absurdes Ergebnis. Geht man auf die von Jesus vorgegebene Regelung ein, ist man wieder beim Schuldprinzip und muss ermitteln, ob und von welchem der beiden Ehepartner ein Ehebruch oder eine andere schuldhaften Eheverfehlung begangen wurde. Die sich daraus ergebenden Probleme sind bekannt. Und dennoch sollte man sich nicht davon abschrecken lassen. Um der Gerechtigkeit willen muss man das Waschen schmutziger Wäsche eben in Kauf nehmen. Andererseits kann diese Regelung so manchen in Grenzsituationen noch einmal zum Nachdenken über sein geplantes Handeln und die sich daraus ergebenden Konsequenzen zwingen.

Unabhängig davon stehen auch kirchenrechtlich betrachtet keine unüberwindbaren Hürden entgegen. Der c.1141 CIC ist, wie bereits ausgeführt, kein ius divinum, sondern ius positivum. Das heißt, es wurde von Menschen gemacht und kann deshalb auch von Menschen geändert oder aufgehoben werden. Wird aber an der bisherigen starren Anwendung des c.1141 CIC festgehalten, schwindet auch und gerade bei gläubigen Christen die Bereitschaft, zu heiraten und das Sakrament der Ehe anzunehmen. Stattdessen leben immer mehr Menschen in eheähnlichen Partnerschaften zusammen, wie es zum Beispiel ein ehemaliger Bundespräsident bevorzugte. Bei ihm kommt erschwerend hinzu, dass er trotz bestehender Ehe diese durch das auch noch offen geführte Konkubinat laufend bricht. Das stößt ab und kann auch nicht gewollt sein. Gleichwohl haben auch die Jünger nach der Ansprache ihres Lehrers gemeint: Steht die Sache eines Mannes mit seiner Frau so, dann ist's nicht gut, zu heiraten.

Das kann und darf nicht der Weisheit letzter Schluss sein. Man muss mit Hilfe der praktischen Vernunft eine Lösung im Sinne Jesu Christi suchen und finden.

Abbildung: ein Weizenfeld im Sonnenuntergang
KI-generiert mithilfe von Bing Image Creator

Jesus und die Kinder

Kinder sind unsere Zukunft, ist in Zeiten von drastisch abnehmenden Geburtenzahlen ein oft gehörter Slogan. Und gleichzeitig steigt die Zahl von Fällen vernachlässigter, misshandelter, gequälter und missbrauchter Kinder. Und das in einem Land, das sich christlich nennt, in dem große Parteien das Wort „Christlich" in ihrem Namen führen!

Was würde Jesus Christus dazu sagen? Nun, er hat sich auch dazu sehr klar geäußert. Darüber berichten gleich drei der Evangelisten (Matth. 19, 13-15, Mark. 10, 13-16 und Luk. 18, 15-17.) Lukas beschreibt es wie folgt: „Sie brachten auch kleine Kinder zu ihm (Jesus), dass er seine Hände auf sie legte (sie segnete). Als die Jünger das sahen, bedrohten sie sie (diejenigen, die sie herbeigetragen haben). Aber Jesus rief sie zu sich (die Erwachsenen mit ihren Kindern, vermutlich die Eltern). Lasset die Kindlein zu mir kommen und wehret ihnen nicht, denn ihnen ist das Reich Gottes. Wahrlich, ich sage Euch: wer nicht das Reich Gottes annimmt, als ein Kind, der wird nicht hineinkommen".

Und noch an einer anderen Stelle ist das Verhältnis Jesu zu den Kindern beschrieben. Bei Matth. 18, 5-6 ist folgendes zu lesen: „Wer ein solches Kind aufnimmt in meinem Namen, der nimmt mich auf. Wer aber ärgert eines dieser Geringsten, die an mich glauben, dem wäre besser, es würde ihm ein Mühlstein an seinen Hals gehängt und er würde ersäuft im Meer, wo es am tiefsten ist". Ähnlich berichten dies auch Mark. 9, 42 und Luk. 17, 2.

Und noch eine weitere Bibelstelle zeigt, dass für Jesus die Kinder sehr wichtig sind (Matth. 18, 10). Dort heißt es: „Denn ich sage Euch, dass ihre Engel in den Himmeln allezeit das Angesicht meines Vaters schauen, der in den Himmeln ist." Auch damit drückt er aus, welche Bedeutung gerade Kinder für Gott haben.

Umso unverständlicher muss die Tatsache erscheinen, dass Kinder zunehmend sehr schlecht behandelt werden. Das ist nicht nur unchristlich, sondern schlicht verwerflich.

Die Berichte über schwere Misshandlungen bis hin zu sexuellem Missbrauch von Kindern in Heimen haben die Öffentlichkeit zutiefst schockiert und eine lebhafte Diskussion über die Frage ausgelöst, wie es dazu kommen konnte und was zur Vermeidung ähnlicher Vorkommnisse in Zukunft geschehen muss. Während der zur Aufarbeitung des Problems eingerichtete runde Tisch tagt, werden weiterhin Tag für Tag Kinder in vielen Heimen misshandelt, ohne dass ein Ende abzusehen ist. Das liegt vor allem darin begründet, dass es keine funktionierende Kontrolle des pädagogischen Konzeptes und keine ständige Überprüfung der täglichen Abläufe gibt. Zudem ist ein zwingend erforderliches Umdenken in den Köpfen vieler für das Kindeswohl Verantwortlicher noch immer nicht in Sicht. Verantwortlich sind neben den Heimleitern und ihren Erziehern vor allem die psychologischen Gutachter, die Jugendämter sowie die Familienrichter. Sie hängen auch heute noch einer längst überholten und deshalb falschen und sogar gefährlichen Auffassung an, wie in irgendeiner Weise auffällig gewordene oder aus problematischem familiärem Umfeld stammende Kinder auf den Pfad der Tugend zurückgeführt werden können. Wenn sich die Kinder aber den erzieherischen Maßnahmen widersetzen, dann sind sie keine guten, sondern böse Kinder. Und dann gilt es, ihnen dieses Böse abzugewöhnen oder auszutreiben. Dazu darf nahezu jedes Mittel eingesetzt werden. Katharina Rutschky hat dies 1977 in ihrem Buch „Schwarze Pädagogik" etwa so beschrieben:

„Die Anhänger dieses pädagogischen Ansatzes trachten danach, das an sich böse Kindsverhalten „durch die Installation eines gesellschaftlichen Über-Ichs zu verändern. Dazu muss der Wille des Kindes gebrochen werden. Dies dient der Abhärtung für das spätere Leben ebenso wie die Instrumentalisierung von Körperteilen und Sinnen zugunsten gesellschaftlich definierter Funktionen.

Dieser Ansatz dient letztlich auch der Rationalisierung von Sadismus, der Abwehr eigener Gefühle des Erziehers/Betreuers, der Zufügung von Schmerz und der totalitären Überwachung des Kindes (Körperkontrolle, Gehorsam, Verbot der Lüge, Tabuisierung der Berührung, Versagung grundlegender Bedürfnisse)."

Leider hat auch die Justiz noch immer nicht begriffen, dass grundsätzlich der Kindeswille zu erforschen und ihm zur Durchsetzung zu verhelfen ist. Stattdessen steht der so schillernde und zugleich inhaltsleere Begriff des Kindeswohls im Vordergrund. In vielen juristischen Kommentaren und Urteilen übernehmen die Juristen dann auch die Meinung vieler Psychologen, dass der Kindeswille durchaus nicht dem Kindeswohl entsprechen muss. Als besonders schlagkräftiges Argument dafür wird der Fall angeführt, dass ein Kind zu seinem Peiniger ein besonderes Verhältnis (Schlagwort: Stockholm-Syndrom) aufbaut, das es zu dem Menschen hinzieht, der es misshandelt und missbraucht.

Allein deshalb gerät das Kind in Beweisnot dafür, dass es nicht manipuliert und glaubwürdig ist, wenn es über seine Wünsche und sein Wollen spricht. Dabei ist es zumeist sehr leicht, diesen Kindeswillen zu erfragen. Viel schwerer ist es demgegenüber zu ermitteln, was im Sinne des Kindswohls liegt. Dies schon allein deshalb, weil sich die Vorstellung der Experten darüber, wie das Kindeswohl zu definieren ist, von dem jeweiligen gesellschaftlichen Standard ableitet. Das heißt, solange in der Gesellschaft die Meinung vorherrscht, ein Kind gehört zur Mutter, auch wenn ihm dies offensichtlich schadet, kann nur das im Sinne des Kindeswohls liegen, das diesem Ergebnis dient. Will das Kind nicht zur Mutter, sondern etwa zu den Großeltern oder einer Tante oder auch zur Pflegemutter, dann kann dies nicht dem Kindeswohl entsprechen, denn das Kind muss manipuliert worden sein.

Dass sich die Bundesrepublik Deutschland so schwertut, den Kinderrechten Verfassungsrang zu verschaffen, ist angesichts dieser Rechtswirklichkeit nicht verwunderlich. Die meisten Staaten in der Welt haben die in der 1989 verabschiedete Kinderrechtskonvention anerkannt.

Darin sind als wesentliche Kinderrechte genannt:
- das Recht auf gewaltfreie Erziehung
- das Recht auf Freiheit
- das Recht auf Fürsorge
- das Recht auf Entfaltung der Persönlichkeit
- das Recht auf Bildung
- das Recht auf Eigentum
- Schutz vor körperlicher, seelischer oder sexueller Gewalt
- Schutz vor Ausbeutung

Diese Rechte lassen sich mit den Methoden der schwarzen Pädagogik nicht in Einklang bringen. Auch der Primat des Kindeswohls ist verfehlt. Entscheidend muss es demnach auf den Kindeswillen ankommen. Und nur dann, wenn offensichtliche und unabweisbare Anhaltspunkte vorliegen, die zur Annahme zwingen, der Kindeswille sei ausnahmsweise nicht mit dem Kindeswohl zu vereinbaren, darf der Kindeswille unberücksichtigt bleiben.

Das muss vor allem in die Köpfe der Psychologen, der Träger von Heimen, der Jugendämter, der Verfahrenspfleger und natürlich auch der Richter und Rechtsanwälte transportiert werden. Wie man weiß, ist das besonders bei von sich überzeugten Persönlichkeiten mit langjähriger Erfahrung sehr schwer, da in sich oft bildenden Klüngeln verfestigt.

Bei Jörg M. Fegert, Professor für Kinderpsychiatrie, „Sexueller Missbrauch durch Professionelle in Institutionen", liest sich das so: „Verletzungen von Persönlichkeitsrechten, körperliche Übergriffe, Freiheitsberaubung und sexuelle Gewalt sind Extremvarianten ausbeuterischen bzw. unprofessionellen Verhaltens. Nachweislich kommen diese Verhaltensweisen von Mitarbeiter/innen gegenüber Minderjährigen auch im Kontext von Institutionen vor, die sich eigentlich der

Behandlung, Pflege, Betreuung und Erziehung widmen sollen."

Ein solches unprofessionelles Verhalten erwartet man aber gerade da nicht, wo in aller Regel Kinder aufgenommen werden, denen es zuvor schon nicht gut ergangen ist. Oft wurden sie bereits im häuslichen Bereich, in der eigenen Familie misshandelt oder gar missbraucht. Wenn sie dann noch solchen Mitarbeitern/innen in die Finger fallen, die aus purer Willkür, vielleicht auch aus kriminellem Antrieb heraus die Kinder quälen, statt ihnen Hilfe und Schutz zu gewähren, dann werden sie doppelt und dreifach traumatisiert. Der daraus entstehende Schaden ist irreversibel. Das Vertrauen dieser Kinder in die Welt der Erwachsenen, in Institutionen und Behörden ist für immer zerstört. Sie müssen erkennen, dass sie von Gott und den Menschen verlassen sind, dass sie nur der Spielball von falsch verstandenem Pflichtgefühl, Launen und Begierden sind. Wenn sie es wagen, sich zur Wehr zu setzen, werden sie als Lügner, Phantasten, Spinner oder erziehungsresistente Bösewichte abgestempelt. Aus Opfern werden abermals Täter. Sie müssen erleben, welche perfiden Listen ihren Peinigern einfallen, um ihr Fehlverhalten zu verbergen. Notfalls bedienen sie sich der Hilfe von Gutachtern, die sie durch fragwürdige Gefälligkeitsgutachten decken. Die füttern sie sich dadurch an, dass sie ihnen finanziell durchaus interessante Aufträge für Supervisionen und auch gerichtliche Gutachten zuschanzen".

Was sich Tag für Tag in Heimen, Internaten, aber auch in Sportvereinen abspielt, interessiert die Allgemeinheit nur dann, wenn es zu einer Eskalation wie z.B. einem Selbstmord oder auch einem Amoklauf kommt. Die beispielsweise immer neuen Enthüllungen aus der Odenwaldschule liessen das Ausmaß der ungeheuerlichen Vorkommnisse erkennen. Es ist auch durchaus kein Spezifikum der von der katholischen Kirche getragenen Einrichtungen, wenn sich reihenweise Opfer aus 20 von insgesamt 27 deutschen Bistümern melden. Man macht es sich zu einfach, wenn man den Zölibat und eine vermeintlich verklemmte, unaufrichtige Art mit Sexualität in der katholischen Kirche umzugehen, als Ursache für die vielen Vergehen ansieht. Das stimmt mit Blick auf den Zölibat allein schon deshalb nicht, weil Misshandlungen und Missbrauch auch durch Frauen innerhalb und außerhalb des kirchlichen Raumes verübt werden. Was man der katholischen Kirche vorwerfen kann und wohl auch muss, ist, dass sie versuchte, die Dinge in ihren Mauern zu behalten oder vielleicht auch zu vertuschen. Statt die Staatsanwaltschaft zu informieren, wurde gemauert. Oft genug sind nicht einmal disziplinarische Schritte unternommen worden, so dass nach Versetzung in andere Bistümer die Missbräuche weitergingen. Das war und ist unentschuldbar. Gerade die katholische Kirche reklamiert für sich einen hohen moralischen Anspruch und muss nun eingestehen, dass viele ihrer Priester und Lehrer diesem Anspruch nicht nur nicht genügen, sondern sich auch hinter dem Nebel der Unantastbarkeit verstecken dürfen. Deshalb ist die Enttäuschung und auch die Wut der Opfer und der Gläubigen so groß, dass eine Austrittswelle ohne Gleichen in Gang gekommen ist. Es ist schon erstaunlich, dass sich die Priester, Patres und Diakone nicht von der massiven Strafdrohung des Herrn Jesus Christus von ihrem sündigen Verhalten haben abschrecken lassen, der sagt: Weh dem, der ein Kind zum Abfall verführt. Für ihn wäre es besser, dass ein Mühlstein an seinen Hals gehängt und er im Meer ersäuft würde, wo es am tiefsten ist (Matthäus Kap. 18, Vers 6). Wenn dies von kirchlichen Würdenträgern nicht mehr ernst genommen werden sollte, wäre das schon für sich ein äußerst besorgniserregender Befund.

Was nur ablenkt von den eigentlichen Problemen, ist die Fokussierung der öffentlichen Diskussion auf den für katholische Priester geltenden Zölibat. Hier wird versucht, dieses Dogma zu erschüttern. Das ist unredlich. Sicher kann man darüber streiten, ob die von der

Kirche postulierten Ausschließlichkeit -noch- sinnvoll oder überhaupt rechtens ist.

Auch in der evangelischen Kirche läuft es ähnlich ab. Dem Verfasser ist ein Fall aus diesem Bereich bestens bekannt. Was die kirchlichen Organe zu den ihnen unterbreiteten Beobachtungen und Beanstandungen geantwortet haben, sprechen für sich. Man muss an der Vernunft solcher Leute zweifeln, die verniedlichende und sogar unwahre Erklärungen abgeben, obwohl ein Petitionsausschuss des Landtages die Vorwürfe geprüft und als zutreffend festgestellt und Rügen ausgesprochen hat. Dies ist eben die fatale Neigung aller Institutionen, die auf öffentliches Ansehen angewiesen sind, unangenehme Vorkommnisse zu bezweifeln und keinesfalls nach außen dringen zu lassen.

Jährlich werden rd. 16.000 Fälle von Kindesmisshandlung und Missbrauch öffentlich bekannt und münden in Anzeigen ein. Zusätzlich ist von einer großen Dunkelziffer auszugehen. Die inkriminierten Übergriffe spielen sich überall ab, wo autoritäre Bedingungen gegeben sind. Solche autoritären Bedingungen finden sich in den Familien, in evangelischen Heimen, in Internaten, in Sportvereinen, in der Bundeswehr, in Krankenhäusern usw. Eine wesentliche Voraussetzung suchen und finden die Täter in diesen mehr oder weniger geschlossenen, autoritären Systemen. Dort bilden sich Machtstrukturen aus, in denen auch Gewalt ausgeübt und ertragen wird. Es gibt Rituale, die einfach Usus sind und von allen toleriert werden, und zwar auch dann, wenn sie sadistische Züge tragen. Wenn man dazu gehören will, macht man das halt mit. Es werden Regeln aufgestellt, gegen die niemand ungestraft verstoßen darf. Und es entwickelt sich ein Corpsgeist, der eine Pseudo-Exklusivität verspricht. Dieser Corpsgeist lässt es entsprechend veranlagten Mitgliedern der Gruppe normal erscheinen, die Menschenwürde und sogar die Menschenrechte anderer Mitglieder im Sinne der geltenden Gruppenregeln zu missachten. Und, wie sich gerade am Beispiel der Odenwaldschule anschaulich zeigt, wenn es jemand wagt, gegen die herrschenden Bedingungen zu opponieren, wird er entfernt. Das betraf Lehrer ebenso wie Schüler. Letzteren wurde sogar die Chance, Abitur zu machen, genommen. Die besondere Brisanz liegt hier in der Tatsache begründet, dass der in Fachkreisen so hoch angesehene Direktor selbst der Haupttäter war. Er konnte deshalb ex cathedra mit einem Federstrich dafür sorgen, dass sein unsägliches Doppelleben über viele Jahre hinweg unbemerkt, oder zumindest ungeahndet blieb. Dass es dabei zu vier Selbstmordfällen kam, kann und darf nicht verwundern. In einem solchen Umfeld von Ohnmacht, Ausgeliefertsein und Hoffnungslosigkeit bleiben ja nur wenige

Fluchtmöglichkeiten. Dass es in solchen Systemen auch Anbiederung und Bereitwilligkeiten gegeben hat und gibt, ist ebenso wenig verwunderlich. Entweder steckt dahinter der Wunsch nach Sympathie, Geborgenheit oder auch nur der unbedingte Wille, zu überleben und das angestrebte Ziel, den Schulabschluss, irgendwie zu erreichen. Dies kann und darf den Tätern nicht als Alibi für ihre unverantwortlichen und unmenschlichen Vorgehensweisen dienen.

Weiter geschehen derartige Übergriffe überall dort, wo die Verantwortlichen in der Überzeugung handeln, einen gesellschaftlich wichtigen Auftrag zu erfüllen, wenn sie mit allen Mitteln böse Kinder zu angepassten Mitgliedern der Gesellschaft erziehen wollen. Dabei kommt es diesen Menschen entgegen, dass sie in einem Umfeld agieren, das ihnen in der einen oder anderen Weise die Machtmittel an die Hand gibt, die Kinder einzuschüchtern und zu unterdrücken. Es ist bekannt, dass sich entsprechend veranlagte Männer und Frauen besonders solche Berufsfelder aussuchen, die ihnen Gelegenheit geben, ohne Schwierigkeiten an die Objekte ihrer Begierden heranzukommen. So liieren sich Pädophile gern mit alleinerziehenden Müttern, um sich Einfluss auf deren Töchter und Söhne zu verschaffen. Ähnlich gute Gelegenheiten ergaben sich für Trainer/innen von jungen

Sportler/innen in Sportvereinen, Sportinternaten und vergleichbaren Einrichtungen.

Überall fehlt es an einer Instanz, die das Tun und Treiben in diesen geschlossenen Systemen überwacht und sich der Beschwerden der Unterlegenen annimmt. Es handelt sich demzufolge um ein systemisches Problem. Und diesem Problem kommt man nicht dadurch bei, dass man die Betreuer durch psychologische Gutachter auf ihre Geeignetheit hin überprüfen lässt. Wenn Gutachter in das System eingebunden, vielleicht auch aus wirtschaftlicher Abhängigkeit einbezogen sind, dann ist kein objektives Urteil zu erwarten. Das zeigt der dem Verfasser bekannte Fall. Dort musste der gerichtlich bestellte Gutachter später einräumen, dass er sein Gutachten parteiisch erstellt hatte und zudem bewusst falsche Schlussfolgerungen gezogen hatte. Das entscheidende Problem besteht darin, dass es weder für die Heime noch für die Jugendämter und erst recht nicht für Vereine eine echte Aufsichts- und Kontrollinstanz gibt. Natürlich unterstehen Heime der Aufsicht ihrer privaten oder öffentlichen Träger. Aber dort fehlt es in der Regel an der notwendigen Fach- und Sachkenntnis, um zu prüfen, ob die pädagogischen Ziele richtig definiert sind und ob die angewandten Mittel dem Stand neuzeitlicher Erkenntnisse und rechtlicher Rahmenbedingungen entsprechen. Gleiches gilt für die Jugendämter. Zwar gibt es dort eine übergeordnete Stelle. Die beschränkt sich aber in aller Regel auf verwaltungs-, haushalts- und disziplinarrechtliche Fragestellungen. Fachliche und sachliche Kontrollen scheitern auch hier zumeist an der fehlenden Sach- und Fachkompetenz. Im Fall des Falles bleibt nur der Weg zu den Petitionsausschüssen der Landesparlamente. In dem mehrfach erwähnten Fall hat der Ausschuss schnell und kompetent gehandelt. Leider wurden die Ergebnisse der Prüfung durch den Ausschuss von den betroffenen Stellen nicht sofort umgesetzt. Dazu fehlt dem Petitionsausschuss eine Möglichkeit, die Nichteinhaltung seiner Anordnungen zu sanktionieren. Abhilfe kann nur dadurch geschaffen werden, dass sich alle Verantwortlichen zusammensetzen und die pädagogischen Zielsetzungen sowie die pädagogischen und psychologischen Maßnahmen zur Erreichung dieser Ziele klar definieren. Dann muss ein Managementsystem mit Kontrollfunktionen aufgebaut und implementiert werden. In jeder Einrichtung und in jedem Jugendamt muss es zudem eine fachlich kompetente Kontrollinstanz geben, die über die Einhaltung der festgelegten Ziele und Maßnahmen wacht und Verstöße unnachgiebig mit arbeits- bzw. dienstrechtlichen Maßnahmen ahndet. Nur so ist sicher zu stellen, dass sich alles Handeln am Kindeswillen ausrichtet und die Kinderrechte eingehalten werden. In dem schon erwähnten Falle hatte sich nach einer geharnischten Beschwerde des Großvaters an die Landeskirche das dafür zuständige Gremium mit der Sache beschäftigt. Die Verantwortlichen im Heim wurden zur Stellungnahme aufgefordert und gaben zu Protokoll, dass die erhobenen Vorwürfe völlig aus der Luft gegriffen sind. Man warnte den Beschwerdeführer in der abschließenden Stellungnahme sogar davor, unbewiesene Behauptungen zu verbreiten. Zudem teilte man ihm mit, dass die Überprüfung durch den Petitionsausschuss ohne jegliche Beanstandung geblieben sei, obwohl ihm der Präsident des Landtages schriftlich versicherte, dass man dem Träger wegen der festgestellten Mängel eine Rüge erteilt und zur Wahrnehmung seiner Aufsichtspflicht aufgefordert hatte. Dieser Fall ist deshalb so symptomatisch, weil nur die Verantwortlichen im Heim gehört werden, nicht aber die Kinder. Auf diese Weise steht das Ergebnis schon von vornherein fest: die Täter fühlen sich als die Opfer und werden durch die unsinnige Vorgehensweise der zuständigen Gremien beim Träger noch in dieser Auffassung bestärkt. Die misshandelten Kinder aber leiden weiterhin unter den unsäglichen Taten ihrer Betreuer. Dass sie an Suizid denken oder Drogen und sonstige Rauschmittel wie Alkohol konsumieren oder Sprays schnüffeln, kann wahrlich nicht überraschen.

Abbildung: ein dunkler Waldweg, der zu einer Lichtung führt
KI-generiert mithilfe von Bing Image Creator

Es ist deshalb unbedingt erforderlich, eine Fachaufsicht für die Jugendämter zu etablieren. Diese Forderung wird schon seit Jahren von namhaften Fachleuten aufgestellt und hat zum Beispiel in der Bamberger Erklärung vom Oktober 2007 ihren Niederschlag gefunden. Bereits am 07.06.2007 hatte sich der Petitionsausschuss des Europäischen Parlamentes in Brüssel mit zahlreichen Beschwerden gegen die Vorgehensweise deutscher Jugendämter zu befassen. Zu dieser Sitzung war eigens Frau Gila Schindler vom Bundesfamilienmini-sterium angereist, um die Integrität des deutschen Familienrechtssystems zu verteidigen. Sie musste zwar eingestehen, dass es in einigen Beschwerdefällen den Beamten der Jugendämter an Professionalität gefehlt hat, betonte jedoch, dass die Bundesregierung keinen Handlungsbedarf sieht. Diese Auffassung hat sich bis heute nicht geändert. Deshalb gibt es auch keine Hoffnung, dass sich hier in absehbarer Zeit etwas ändern könnte. Als Konsequenz bleibt nur die Bekämpfung von Maßnahmen der Jugendämter durch Klagen vor den Verwaltungsgerichten. Ferner kann Schadensersatz in Fällen gravierenden Fehlverhaltens oder gar schikanösen Vorgehens im Rahmen von Amtshaftungsverfahren vor den Landgerichten gefordert werden. Gleiches gilt für fehlerhaft arbeitende gerichtlich bestellte Sachverständige.

Unabhängig davon bleibt die Möglichkeit, von den Trägern der Jugendhilfeeinrichtungen, in die die betroffenen Kinder von den Jugendämtern verbracht werden, der Gelegenheit für Misshandlung und Missbrauch der Schutzbefohlenen mit allen Mitteln vorzubeugen.

Abhilfe können nur klare, die Zielvorgaben und die Kontrolle auf mögliche Zielabweichungen implementierende Regelungen schaffen. Dazu eignet sich in erster Linie die Einführung eines Qualitätssicherungssystems.

Im Detail müsste das so aussehen:

I. Festlegung der Qualitätspolitik

1. Zunächst gilt es, die konkreten Ziele der pädagogischen Arbeit zu definieren. Man nennt das auch ein Leitbild zu entwickeln. Dazu werden in gemeinsamen Besprechungen Vorschläge erarbeitet, diskutiert und dann in schriftlicher Form fixiert und verabschiedet.

2. Da die Mitarbeiter entscheidend verantwortlich sind für die Qualität der Arbeit in der Einrichtung, müssen sie einmal hohen fachlichen Anforderungen entsprechen. Das muss bei der Personalplanung, Auswahl und Personalentwicklung berücksichtigt werden.

3. Für alle wesentlichen Prozesse müssen Ziele und Indikatoren formuliert werden. Die Definition und die Umsetzung der Prozesse müssen laufend daraufhin überprüft werden, ob sie

noch zeitgemäß sind. Gegebenenfalls sind sie fortzuschreiben.

4. Grundsätzlich sind sie auf Verbesserungsmöglichkeiten zu untersuchen. Die Mitarbeiter sind aufgefordert, an einem kontinuierlichen Verbesserungsprozess (KVP) teilzunehmen. Dazu gehört auch die Unterbreitung von Verbesserungsvorschlägen.

5. Auch die Durchführung und Verbesserung der technischen Abläufe, der Infrastruktur und alle nachgeordneten Dienstleistungen unterliegen dem KVP.

6. Es werden regelmäßig interne und externe Audits durchgeführt, um zu überprüfen, ob die definierten Regelungen und Standards umgesetzt werden und inwieweit sie bereits erreicht sind.

II. Definition der Qualitätsziele

1. Soziale und individuelle Problemstellungen sind Anlass für den Entwurf und das Angebot von Hilfs- und Unterstützungsprogramme

2. Es werden problembezogene und auf die betroffenen Personen zugeschnittene Dienstleistungen zur Verfügung gestellt, damit Kinder, Jugendliche und deren Familien stabilisiert werden und ihre Entwicklung positiv verläuft.

3. Die Arbeit muss sich an der -geänderten- sozialen und rechtlichen Situation der Kinder und ihrer Familien ausrichten. Das bedeutet, dass die Kinderrechte zur Grundlage aller Bemühungen gemacht werden. (Siehe hierzu den vorstehenden Katalog)

4. Die Mitarbeiter werden an allen Entscheidungen beteiligt. Ihre Identifikation mit der Einrichtung und der darin geleisteten Arbeit wird gefördert. Zudem werden sie an der Weiterentwicklung der pädagogischen Konzepte und der Prozesse beteiligt.

5. Die Einrichtung eröffnet den Mitarbeitern die Möglichkeit der kontinuierlichen Fortbildung und Weiterqualifizierung.

6. Es gilt, Fähigkeiten und Fertigkeiten der Kinder und Jugendlichen zu ergründen und unter Berücksichtigung des Kindeswillens zu fördern und sie damit auf eine selbständige und sinnvolle Lebensgestaltung zu befähigen.

7. Die erforderliche Zusammenarbeit mit Jugendämtern, Polizeibeamten/Staatsanwälten, Gerichten, Gutachtern und sonstigen Institutionen soll partnerschaftlich-kritisch erfolgen.

8. Die Arbeit bedarf der Transparenz nach innen und nach außen. Das bedeutet, dass einmal die

Kinder und Jugendlichen weitestgehend über die Qualitätsziele und die Methodik der pädagogischen Arbeit informiert werden. Zum anderen ist die Öffentlichkeit in die tägliche Arbeit einzubinden soweit es den Abläufen noch zuträglich ist. Dazu gehört auch die unverzügliche Information über außergewöhnliche Ereignisse.

9. Es wird ein Krisenstab eingerichtet, der im Krisenfall alle Aktivitäten entsprechend eines Krisenplanes koordiniert und verantwortet.

10. Die Einrichtung erarbeitet notfalls unter Hinzuziehung externer Fachleute einen Krisenplan. Alle Mitarbeiter werden mit dem Krisenplan vertraut gemacht und durch regelmäßige Übungen für den Krisenfall geschult.

III. Qualitätsbeauftragte und Fortschreibung des QS-Systems

1. Die Einrichtung beruft eine Person der Leitungsebene zum Qualitätsbeauftragten. Er ist verantwortlich für die Implementierung des QS-Systems und dessen Einhaltung.

2. Der QS-Beauftragte organisiert Schulungen für den Krisenfall und hält die Verbindung zu externen Stellen wie Notarzt, Polizei, Feuerwehr, Aufsichtsbehörde etc. und ist

für eine ehrliche Öffentlichkeitsarbeit verantwortlich.

3. Das QS-System ist laufend auf Aktualität zu kontrollieren und fortzuschreiben

IV. Einrichtung eines Beschwerdemanagements

1. Es wird eine Stelle eingerichtet, bei der sich Kinder und Mitarbeiter gegebenenfalls auch anonym beschweren können.

2. Jede Beschwerde ist in einem gebundenen Buch unter Vergabe einer fortlaufenden Nummer zu erfassen.

3. Die geschilderten Probleme müssen unverzüglich untersucht und, soweit bekannt, die betroffenen Kinder in einem beschützten Umfeld angehört werden.

Nur wenn derartige Mechanismen greifen, ist Gewähr dafür gegeben, dass das Risiko von Misshandlungen oder sexuellen Missbräuchen weitgehend ausgeschaltet wird. Zwar gibt es in einigen Heimen QS-Managementsysteme. Was jedoch in aller Regel fehlt, sind die Kontrollinstanzen. Das aber macht das QS-System zu einer stumpfen Waffe im Kampf gegen Fehlentwicklungen und kriminelles Verhalten. Leider wird in öffentlichen Diskussionen darüber nicht gesprochen und zur nicht geringen Überraschung der Betroffenen auch nicht am Runden Tisch.

Dabei trägt das Führungsorgan privater oder öffentlich-rechtlicher Träger von Heimen, Vereinen etc. die Verantwortung für einen reibungslosen Ablauf der zugewiesenen oder übernommenen Aufgaben. Da ihm dies nur über arbeits- bzw. dienstrechtliche Delegation auf Mitarbeiter möglich ist, müssen die Mitarbeiter in geeigneter Weise überwacht werden. Fehlt es an einer wirksamen Kontrolle, haftet das Führungsorgan persönlich für Schäden, die durch Mitarbeiter verursacht werden. Unter Umständen setzt es sich auch strafrechtlicher Verfolgung aus.

Was dringend von Seiten der Politik erledigt werden muss, ist einmal die Schaffung von Aufsichtsinstanzen mit entsprechender fachlicher Kompetenz für die Jugendämter und zum anderen die Sensibilisierung der Familienrichter für die Tragweite ihrer Entscheidungen auf die Psyche der Kinder und deren künftige Entwicklung. Und die Täter müssen ohne Ansehen der Person verfolgt und bestraft werden.

Glaube

Glaube ist Nicht-Wissen, behaupten die Kritiker süffisant. Dass das für die, die glauben, nicht zutrifft, wissen sie selbst. Für jene ist der Glaube eine Frage der Überzeugung. Jeder Mensch braucht und sucht seinen Platz in seiner eigenen Welt, seinem kleinen Universum. Diesen Platz muss er sich erkämpfen. Das kann er nur, wenn er von sich und seiner eigenen Stärke überzeugt ist. Wenn er Glück hat, bieten ihm seine Eltern eine gute Ausgangsbasis in einem geschützten Umfeld. Dann entwickelt das Kind das so wichtige Urvertrauen. Von da aus kann es sich entwickeln. Im Schutz der Familie wächst sein Selbstvertrauen. Es wächst nicht nur körperlich. Seine intellektuellen Fähigkeiten nehmen zu. Es lernt, Probleme zu lösen und kreativ zu sein. Nach Schule, Berufsausbildung, gegebenenfalls auch Studium hat der junge Mensch so viel gelernt, dass er sich und seinen Standort in den Koordinaten seines Umfeldes findet.

Und wenn es gut läuft, erfährt er auch, dass es außerhalb der greifbaren und mit allen Sinnen erfassbaren Welt noch etwas gibt, das darüber hinaus geht, das hinter aller Materie steht. Dass es Materie eigentlich nicht gibt, sondern nur eine unglaubliche Energie, die sich verdichtet und zur Materie gerinnt. Und er lernt zu fühlen, dass es dahinter etwas gibt, das all das steuert, einen vernünftig handelnden Geist, wie es Max Planck so schön beschreibt. Und er lernt auch, sich auf diese Kraft einzulassen und sich ihrer zu versichern. Das kann zu einer wichtigen eigenen Kraftquelle werden. Die hilft ihm, sich im Vergleich mit anderen Menschen in seinem Umfeld zu beweisen. Je größer sein Vertrauen in seine eigenen Fähigkeiten ist, umso stärker wird die Überzeugung, etwas bewegen zu können. Zugleich steigen die Nehmerqualitäten. Es erkennt, dass es nicht nur Erfolg gibt, sondern dass sich auch Rückschläge und Niederlagen einstellen. Sie müssen angenommen und verarbeitet werden. Dadurch werden zermürbende Selbstzweifel vermieden, nicht aber Selbstkritik. Das eigene Verhalten skeptisch zu hinterfragen ist nicht gleichbedeutend mit einem Mangel an Überzeugung. Es ist vielmehr ein Zeichen für den Willen, besser zu werden, aus Fehlern zu lernen, wie es Ernst Bloch beschreibt, wegkommen von den Hirngespinsten der Schwärmer und Taugenichtse.

Darin liegt der Kernsatz meines Glaubens. Den hat Immanuel Kant, der das höchste Wesen, unseren Gott als bloßes Gedankengebilde und von der Vernunft nicht begründbar und deshalb auch als nicht beweisbar abgelehnt hat, dennoch so trefflich formuliert: „So, wie die Idee die Regel gibt, so dient das Ideal in solchem

Falle zum Urbilde der durchgängigen Bestimmung des Nachbildes; und wir haben kein anderes Richtmaß unserer Handlungen, als das Verhalten dieses göttlichen Menschen in uns, womit wir uns vergleichen, beurteilen und dadurch uns bessern, obgleich es niemals erreichen können." Das ist das Bild, das wir schon immer vor Augen haben, seit man uns die Schöpfungsgeschichte erzählt hat. Dort heißt es: Gott schuf den Menschen nach seinem Ebenbild und hauchte uns seinen göttlichen Atem ein. Das bedeutet für mich, wie es auch Kant beschreibt: ich bin diesem Gott nicht nur ähnlich, sondern ich habe ihn in mir. In uns allen ist er anwesend, spätestens, seit er sich als Heiliger Geist über uns ergossen hat. Der Mensch Jesus hat das genau so formuliert: der Vater ist in mir und ich bin im Vater.

Dieser Glaube, der auf dem Urvertrauen des Kindes beruht, blickt nach vorn. Wer stattdessen zurückgewandt verharrt, versteinert, wie uns das Bild aus der Bibel vermittelt. Hätte Loths Frau nicht zurückgeblickt, wäre sie nicht zur Salzsäule erstarrt. Hätte Petrus nicht plötzlich Zweifel daran bekommen, ob ihn das Wasser auch trägt, wäre er nicht untergegangen. Ein starker Glaube vermittelt Mut, die kommenden Prüfungen zu bestehen. Und Prüfungen werden kommen. Wer sich rechtzeitig darauf einstellt, braucht sie nicht zu fürchten. Wer sich als Schüler gut vorbereitet, sich intensiv mit dem Lernstoff beschäftigt, hat auch eine unangekündigte Klausur nicht zu fürchten. Sie verliert ihren Schrecken.

Wer unerschrocken seinen Weg geht, hat auch keine Angst vor der Liebe. Damit ist nicht Sex gemeint, sondern Zuneigung und Wertschätzung. Wir wissen ja, dass Glaube und Liebe einer gemeinsamen Quelle entspringen. Denn auch die Liebe fordert Vertrauen in sich und andere Menschen. Wer sich nicht selbst so annimmt, wie er ist, wer sich in seiner Haut nicht wohlfühlt, kann dieses Vertrauen nicht aufbringen. Wer andere Menschen nicht so ertragen kann, wie sie sind, sondern sie mit einem Idealbild vergleicht und erwartet, dass sie sich diesem entsprechend verändern, kann nicht lieben und auch nicht geliebt werden. Aber wer sich selbst liebt, vermag zu trösten und zu heilen. Das ist auch das Geheimnis zwischen Mutter und Kind. Mütter lieben ihre Kinder und sind deshalb auch gute Trostspender für sie, wenn sie Kummer oder Schmerzen haben. Sie können sogar Schmerzen lindern oder gar heilen, sie einfach wegblasen. Das haben sie mit Ärzten gemein, die ihren Patienten mit Herzlichkeit und Anteilnahme begegnen. Auf diese Anteilnahme kommt es entscheidend an. Sie erwächst aus der Selbstachtung und dem Selbstvertrauen. Zu besonderer Anteilnahme sind gerade solche Menschen fähig, die selbst gelitten, eine schwere Krankheit durchgemacht oder einen lieben Menschen verloren haben. Sie kennen die Nöte, Ängste, die Ohnmacht und die Verzweiflung nur zu genau und sind ehrlich zu sich und den anderen. Das spürt man ihnen an. Ihre Gefühle sind authentisch. Daraus erwächst die Kraft, die helfen und heilen kann.

Das gilt für alle Menschen, die zur Hilfe und zum Heilen aufgerufen sind, nicht nur für Eltern und Ärzte, sondern auch für Lehrer und Pastoren. Je authentischer sie sind, je sicherer sie ihr Handwerk beherrschen und je klarer sie ihr Wissen mit eigener Erfahrung weitergeben können, desto leichter finden sie Akzeptanz und Erfolg bei ihren Kindern, Patienten und Schülern. Denn für alle gilt: sie können nur anleiten, vorleben und unterstützen. Der Erfolg stellt sich nur ein, wenn sich die Adressaten für die Hilfen öffnen. Wer nicht lernen will oder nicht daran glaubt oder darauf vertraut, dass die angebotenen Hilfsmittel auch wirklich wirksam sind, wird weder etwas lernen noch gesund werden können.

Eines zeigt uns die Medizin deutlich: Die Heilung muss vor allem anderen durch den Patienten selbst erfolgen. Er allein kann die Kräfte mobilisieren, die sein physisches, psychisches oder soziales Gleichgewicht und Wohlergehen wieder herstellen. Das ist besonders schwer für diejenigen, deren physische Kraft durch die

Krankheit aufgezehrt und deren Lebensmut ausgehöhlt wird. Dann bedarf es oft eines Anstoßes, der im Rahmen einer Therapie gegeben wird. Unter Umständen hilft aber auch eine gezielte Provokation, die den Zorn des Kranken über seine miese Situation anstachelt und so neue Kräfte für den Überlebenskampf freisetzt. Es reicht manchmal aber auch ein Wort, eine Geste oder ein ernster Appell eines Freundes, einer Bekannten, die zum Beispiel das verschüttete Verantwortungsbewusstsein des Betroffenen gegenüber seiner Familie, seinen Kindern neu weckt. Halte durch, du wirst gebraucht, ist eine der Zauberformeln. Das vergessen wir ganz, wenn wir bis zum Halse in der Tinte sitzen. Dann ist von Selbstachtung, Eigenliebe und Selbstbewusstsein nicht mehr viel übrig. Dann gilt es, Hoffnung zu vermitteln. Und Hoffnung wächst, wenn man als Betroffener spürt, man ist nicht alleingelassen. Gerade die Einsamkeit ist es, die sich durch die Rat- und Sprachlosigkeit des früheren Umfeldes wie Mehltau erstickend auf das Gemüt legt. Man fühlt sich von jetzt auf gleich von Gott, von der Welt und allen guten Geistern verlassen. So müssen sich die Aussätzigen gefühlt haben, wenn sie aus der Gemeinschaft ausgestoßen wurden. Das schmerzt umso mehr, als man ja unverschuldet in diese Situation geraten ist. Dann ist es umso wichtiger, Menschen um sich zu haben, die vertrauenswürdig und als Hoffnungsträger die Zuversicht vermitteln, du bist nicht allein und du kannst durch dein eigenes Verhalten deine Situation verbessern. Wenn man Glück hat, finden sich solche Menschen in der eigenen Familie. Das können aber auch Mitpatienten sein, die das gleiche Schicksal teilen und die sich plötzlich gegenseitig stützen und halten. Wenn dann der Glaube zurückkommt, lebt auch die Zuversicht wieder auf und stärkt die Heilung. Ein überzeugendes Beispiel findet sich mit der Geschichte von der Frau mit dem Blutfluss dazu in der Bibel. Sie wird von drei der Evangelisten übereinstimmend geschildert (Matth. 9,18 – 22; Markus 5, 25 – 34; Lukas 8, 43 – 48). Sie litt 12 Jahre lang darunter, dass sie permanent menstruierte.

Alle die von ihr konsultierten Ärzte konnten ihr nicht helfen, obwohl sie ihnen viel Geld für Therapien bezahlte. Zu guter Letzt war sie verarmt und an Leib und Seele geschunden und verletzt. Dazu kam, dass sie aufgrund des ständigen Blutflusses als unrein galt, vom Gottesdienst ausgeschlossen war und zugleich auch ihr familiäres Umfeld verunreinigte. Deshalb wurde sie auch dort ausgegrenzt. Deshalb blieb ihr nur der Rückzug. Welches Martyrium die chronische Erkrankung auch physisch gewesen sein muss, wissen wir aus den Berichten von jungen japanischen Frauen, die nach den Atombombenabwürfen der USA am

Ende des zweiten Weltkrieges (am 06.08.1945 auf Hiroshima und am 09.08.1945 auf Nagasaki) unstillbare Blutungen hatten und schließlich daran verstarben. Und da wächst in dieser biblischen Frau die Gewissheit: ich muss zu diesem Jesus. In seiner Nähe finde ich Heilung. Und sie kämpft sich mit aller Kraft durch das Getümmel, das sich um diesen Heilsbringer gebildet hat, muss manchen Knuff und Stoß einstecken, bis sie endlich seinen Mantel ergreifen kann. Und augenblicklich spürt sie die ersehnte Wirkung an sich. Und auch Jesus merkt, dass etwas von ihm auf sie übergegangen ist und er erkennt sie sogleich in der Menge, obwohl sie sich noch nie zuvor begegnet sind. Sei guten Mutes, sagte er zu ihr, dein Glaube hat dich geheilt. Geh hin in Frieden. Und noch ein anderes Beispiel zeigt in die gleiche Richtung: der Fall des sinkenden Petrus (Matth. 14, 22-33; Markus 6;45-52; Joh. 6,15-21). Petrus hatte erlebt, wie Jesus nach einem langen Tag vom Ufer aus über den See zu ihnen lief. Sie waren auf seine Aufforderung vorausgefahren. Als Petrus das sah, wollte er das auch tun. Und Jesus forderte ihn auf, zu ihm zu kommen. Petrus stieg aus dem Boot aus und tat einige Schritte auf Jesus zu. Doch dann kamen ihm Zweifel und er sank. Jesus musste ihn vor dem Ertrinken retten. Und noch ein sehr menschliches Beispiel für mangelnden Glauben bietet uns der Jünger

Thomas (Joh. 20,24-29). Als er von der Auferstehung Jesu erfährt, sagt er: das glaube ich erst, wenn ich ihn sehe und meinen Finger in seine Nägelmale gelegt habe. Ist das nicht eine uns gut bekannte Reaktion? Glauben wir nicht auch nur das, was wir sehen oder was wir sehen wollen? Und Jesus sagt: Glauben ist vertrauen auch ohne, dass wir etwas sehen. Dafür wurde er teils belächelt von den Skeptikern, teils angefeindet von seinen Gegnern. Beide konnten mit dieser Forderung absolut nichts anfangen. Das ist heute wie damals nicht anders. Wie heißt es in dem schönen Abendlied von Matthias Claudius: So sind wohl manche Sachen, die wir getrost belachen, weil unsere Augen sie nicht sehn. Und der Dichter erklärt auch gleich, warum das so ist: wir stolze Menschenkinder sind eitel arme Sünder und wissen gar nicht viel. Wir spinnen Luftgespinste und suchen viele Künste und kommen weiter von dem Ziel. Und tatsächlich sagen uns die Physiker heute, es gibt eine vierte Dimension, in der sich Dinge abspielen, die wir zwar nicht sehen, aber messen können. Deshalb wissen wir, dass es sie gibt. Vielleicht können wir auch fühlen, dass es da im Kosmos Kräfte gibt, die um und auch in uns wirken und unser Leben als Gestalt gewordene und denkende und fühlende Energie nachhaltig beeinflussen. Dass dadurch unsere Vorstellung von einem freien Willen, auf den die Menschheit seit der Aufklärung so stolz

war, allein durch die heute bekannte Prädestinations-
wirkung der Epigenetik über den Haufen geworfen
wurde. Und nicht zu vergessen die von Kant erdachte
moralische Instanz unseres pflichtgesteuerten Gewissens. Sie beeinflusst unser Verhalten schon bevor wir
uns dessen bewusst werden.

Bleibt also einmal die Frage, an wen Christen glauben,
wenn sie bekennen: ich glaube an Gott, den Vater, den
Schöpfer des Himmels und der Erden. Die andere
Frage ist die: an wen oder was glaube ich ganz persönlich? Ist das immer noch der alte Mann mit der weißen
Haarmähne? Ist es der strafende, rächende, fordernde
und furchterregende Gott? Oder ist er nur eine Fik-
tion? Oder ist es die Verschmelzung dieses die Welt
erschaffenden Allwissenden mit dem Menschen, die
Symbiose des Menschen mit seiner Seele?

Wie kam es eigentlich zu dem Bild des furchteinflö-
ßenden alten Mannes, des Richters, der die Lämmer
von den Böcken trennt, Sünder und Übeltäter zum
ewigen Tod verurteilt? Es war die Erkenntnis kluger
Menschen, die mit ansehen mussten, dass eine Gemeinschaft von Menschen nur dann funktionieren
kann, wenn es Regeln gibt, die von allen bestimmte
Verhaltensweisen fordert, auch von weltlichen und religiösen Potentaten. Doch sie erkannten auch, dass Regeln allein nicht ausreichen. Es muss auch eine Instanz

geben, die jene bestraft, die sich nicht an die Regeln halten. Doch daran fehlte es. Lange haben die Mächtigeren die Schwächeren beherrscht, dominiert und oft genug geknechtet und gedemütigt. Da sie anders nicht zur Räson zu bringen waren, brauchte man Gott als die Instanz, die als gerechter Richter und Rächer der Geknechteten fungierte. Das änderte sich erst, als man das Mittel des Ausgrenzens aus der Gesellschaft mit der Erklärung von Straftätern als vogelfrei erfand. Als später Gemeinschaften einen Staat mit Gesetzen und kontrollierenden Gewaltmonopolen gründeten, gab es solche Instanzen. Ab dann verlor der strafende Gott seinen Schrecken und konnte zum vergebenden Vater im Himmel werden. Zugleich eröffnete sich die Chance, „als Christenmensch frei zu sein", wie es Luther formulierte.

An wen Christen glauben, lässt sich nicht allgemein gültig beantworten. Der Glaube ist unabhängig von Dogmen, Lehrsätzen und Synodalbeschlüssen. Wer das noch immer nicht verstanden hat bzw. verstehen will, angesichts anhaltender massenhafter Kirchenaustritte, tut alles, um die Kirche sowohl als Hort als auch als Gemeinschaft der Gläubigen in die Sektiererei zu treiben. Glaube beruht auf frühkindlicher Prägung, Erziehung und individueller Erfahrung. Daraus entwickelt sich die Suche nach einem verlässlichen inneren Ankerplatz. Der ist für jedes Individuum ebenso

existenziell wichtig wie das Vertrauen in seine Mitmenschen, das aber immer von einem gesunden Maß
an Skepsis begleitet werden muss. So besehen ist Glauben tatsächlich Teil des Dreiklangs aus Hoffnung und
Liebe. Und Glaube ist manchmal wie ein scheues Reh.
Bei der geringsten Störung schreckt es auf und sucht
sein Heil in der Flucht. Da fehlt es ihm an Mut. Der
wächst mit der Erkenntnis, dass Rettung oft gerade
dann viel näher ist, als man glaubt, wenn die Situation
völlig ausweglos erscheint.

Und ich, an wen und an was glaube ich? Ich halte es
mit dem Gloria Patri (Ev. Gesangbuch 177:2): Ehr sei
dem Vater und dem Sohn und dem Heiligen Geist, wie
es war im Anfang, jetzt und immerdar und von Ewigkeit zu Ewigkeit. Amen.

Dieses Bild, das nicht wenige Theologen noch immer
vor große Probleme stellt, hat mich deshalb überzeugt,
weil es historisch erklärbar ist. Dieser große Geist, der
unseren Kosmos rational und ordnend durchweht,
war und ist schon von jeher nur schwer fassbar. Deshalb kam folgerichtig eine Person, die all die göttlichen
Anforderungen, die einen guten Menschen ausma-
chen, in sich verkörperte. Das war Jesus, der sich als
Sohn Gottes bezeichnete und als das Licht für die Welt.
Das hat man ihm sehr verübelt, denn seine Gegner haben nicht verstanden, was ihn zu dieser Behauptung

brachte. Entschuldigend sollte man gelten lassen, dass ihnen die Erkenntnisse aus den Naturwissenschaften fehlten, die uns heute zur Verfügung stehen. Wir können, wie vorstehend erläutert, heute nicht mehr ernsthaft bestreiten, dass es neben den für uns erkenn- und begreifbaren drei Dimensionen noch eine vierte Dimension gibt, in der alles völlig anders läuft, als wir uns landläufig vorstellen können. Einige Vorgänge können wir messen und deshalb nachvollziehen. Andere Erscheinungen sind nur mit unseren Gefühlen erleb- und erfahrbar, weil es unser Gehirn noch nicht gelernt hat, die von dort ausgesandten Informationen in für uns begreifbare Bilder umzuwandeln.

Außerdem war Jesus der erklärte Feind der Schriftgelehrten und der Kaste der Pharisäer, weil er mit dem Ziel angetreten war, die bisherigen Dogmen ihres Glaubens infrage zu stellen. So lehrte er zum Beispiel, dass das eherne und bis heute noch geltende Prinzip des Auge um Auge, Zahn um Zahn keine Lösung für Konflikte sein kann. „Widersteht nicht dem Bösen, sondern wer dich auf deine rechte Wange schlägt, dem halte auch die andere hin", predigte er, wie in Matth. 5, 39 berichtet wird. Auch zum Thema Ehebruch und Wiederverheiratung vertrat er höchst moderne Auffassungen. Wir kennen alle die Geschichte von der in flagranti ertappten Ehebrecherin (Joh. 7, 53 ff), der ein kurzer Prozess droht. Mitten im Tempel, unter vielen

Menschen, die Jesus predigen hören wollen, stellen die Schriftgelehrten und Pharisäer die Frau vor ihn und bringen ihn in ein klassisches Dilemma. Wie er sich auch entscheidet, kann er nur verlieren.

Aber er sitzt und schreibt nur in den Sand, mit dem der heilige Boden bedeckt ist. Er verweigert die Entscheidung, zur der sie ihn mit all ihrer Arglist zwingen wollen. Er packt sie dort, wo es ihnen sehr weh tut, an ihrer eigenen Unzulänglichkeit. Wer von euch ohne Sünde ist, der werfe den ersten Stein, sagt er (Joh. 8, 7-9). Jesus überträgt ihnen die Entscheidung über Leben und Tod der Frau. Was geschieht? Nichts. Es fliegt kein Stein. Sie schleichen sich beschämt davon. Denn sie wissen zu genau, dass jeder von ihnen genug Dreck am Stecken hat. Jesus bleibt allein mit der Missetäterin zurück. Da steht er auf und sagt: wo sind sie geblieben? Hat dich keiner verurteilt? Sie antwortet: Keiner, Herr. Da sagte Jesus zu ihr: Auch ich verurteile dich nicht. Geh und sündige hinfort nicht mehr. Er lässt Gnade vor Recht ergehen. Das zeichnet ihn aus in seiner vorbildhaften, humanen Lebensausfassung. Genau das aber wurde ihm zum Verhängnis.

Ja, Jesus war ein Mensch, ein ganz besonderer sogar. Ihn konnte man erleben, zuhören, anfassen, verehren, ihm nachfolgen, ihn leider aber auch imitieren, schmähen, hassen und schließlich nach einem Scheinprozess töten. Alle diese Reaktionen sind allzu menschlich. Das erleben wir heute immer noch. Menschen, die sich durch eine Besonderheit von ihren Mitmenschen unterscheiden, erregen Aufsehen. Das ist nicht immer gut. Manche brechen unter der Last, ständig im Licht der Öffentlichkeit zu stehen, zusammen. Menschen, die den Herrschenden in die Quere kommen, werden verfolgt, psychisch und physisch zerstört. Doch manche entwickeln oft unglaubliche und sogar un- oder auch übermenschliche Kräfte und werden zu wahren Märtyrern, zu Vorbildern für andere.

Und nach Jesus kam wieder der Geist. Aber dieses Mal nicht unbemerkt, sondern mit Brausen und mit Flammen (Apostelgeschichte 2, 1-41). Damit rückt erneut die eine energetische Kraft in den Mittelpunkt des Geschehens, die große Veränderungen bewirkt, Mauern durchdringt und Menschen verändert. Damit sind wir wieder am Anfang angelangt, bei dem Odem, dem Geist, griechisch Psyche, lateinisch Pneuma oder dem, was im Hebräischen als Ruach, Geist oder Seele, bezeichnet wird. Gott ist Geist, sagt Jesus oft (Joh. 4, 24) und die ihn anbeten, müssen ihn im Geist und in der Wahrheit anbeten. Der Grund dafür liegt in Gottes Unsterblichkeit. Menschen sterben, verwesen. Ihr Körper vergeht. Deshalb bedeutet der Tod einen unwiderruflichen und endgültigen Abschied von dem Individuum, mit dem wir zusammengelebt haben.

Aber, und das ist der große Trost, den ich meinem Glauben und den Naturwissenschaftlern verdanke, der energetische Geist, der mich durchflutet und mich zugleich zu einem Teil des ganzen Universums macht, der geht nicht unter. Der ist wie ein Wassertropfen in den großen Ozeanen, eingebettet in einen ewigen Kreislauf: aufsteigen, von den Winden irgendwohin getragen werden, abregnen, Pflanzen oder Tiere tränken und wieder im Meer mit anderen Tropfen aufgesammelt werden. Diesen Geist nenne ich meine unsterbliche Seele. Sie kommt von meinem Stern und geht nach meinem Tod wieder dahin zurück. So, wie es uns Antoine de Saint-Exupery so wunderbar in seinem „Der kleine Prinz" geschildert hat. Daran glaube ich.

Abbildung: ein abstrahiertes Bild der Erdkugel
KI-generiert mithilfe von Bing Image Creator

Der Klügere gibt nach!

Mütter, vor allem aber Großmütter werden nicht müde, ihren Kindern und Enkelkindern diesen Satz so lange vorzusagen, bis er sich in die letzten Gehirnwindungen der jungen Menschen unauslöschlich eingebrannt hat. Anlässe bieten sich beim Streit um ein Spielzeugauto, ein Püppchen, um Eimerchen und Schaufel im Sandkasten, um Bonbons und Bälle, um die Reihenfolge auf der Rutsche usw. Und meist sind es die älteren Geschwister und die gut erzogenen und angepassten Kinder, die zurückstecken.

Und so geht es weiter. Irgendwann ist es der freie Platz in der U-Bahn, um den gerangelt wird oder die Reihenfolge vor der Supermarktkasse. Und bald kommt der Zeitpunkt, an dem man begreift, dass Frechheit siegt. Damit verbindet sich die Frage, ob man nicht einfach mitspielen soll, wenn man nicht ständig untergebuttert werden will. Doch da meldet sich die Stimme des Gewissens. Nach Friedrich Nietzsche „ist der Inhalt unseres Gewissens alles, was in den Jahren der Kindheit von uns ohne Grund regelmäßig gefordert wurde, durch Personen, die wir verehrten oder fürchteten" (so zitiert von A. Mitscherlich in Die Unfähigkeit zu trauern, S. 99). Weiter heißt es dort: „Der Glaube an Autoritäten ist die Quelle des Gewissens; es ist also nicht die Stimme Gottes in der Brust des

Menschen, sondern die Stimme einiger Menschen im Menschen."

Ich bin überzeugt davon, dass sich sowohl Nietzsche als auch Mitscherlich irren. Was den Kindern von ihren Eltern und Großeltern vermittelt wird, sind vor allem die Grundsätze, die diese ihrerseits schon von ihren Eltern und Großeltern erfahren haben. Und die basieren zu einem großen Teil auf den Glaubenssätzen Jesu, wie sie uns im Neuen Testament überliefert sind. Unsere westliche Gesellschaft ist von einem tiefen Humanismus geprägt, der auf Nächstenliebe und Menschenfreundlichkeit gründet. Er ist gerade die Abkehr von den alten Glaubens- und Lebensregeln des Auge - um - Auge, Zahn - um – Zahn - Prinzips (2. Mose 21,24), wie sie uns noch vielfältig im Alten Testament vorgeführt und leider von israelischen Regierung gerade jetzt ungestraft praktiziert werden.

Diesen Gesetzen hat sich Jesus mit seinem neuen Weg widersetzt. Stattdessen hat er in der Bergpredigt humanere Glaubens- und Lebensregeln aufgestellt, die seither nachhaltig unsere Erziehung bestimmt haben. Eine dieser Regeln lautet: Schlägt dich jemand auf die rechte Backe, dem biete die andere auch dar (Matth. 5, 39).

Sie entspricht seinem Ideal von Sanftmut. In Nr. 5 der sogenannten Seligpreisungen heißt es dementsprechend: Selig sind die Sanftmütigen; denn sie werden das Erdreich besitzen. Und in Nr. 9 werden die Friedfertigen gepriesen: selig sind die Friedfertigen; denn sie werden Gottes Kinder heißen. Was soll damit zum Ausdruck gebracht werden? Jesus steht ein für ein friedfertiges Miteinander der Menschen in Abkehr von Kampf, von Auseinandersetzungen und endloser Vergeltung, oft eben auch von Blutrache. Diese neue Art des Denkens, weg von der reflexartigen Gegenattacke auf einen Angriff; hin zur Kooperation anstelle der Konfrontation. Sie entspringt der Einsicht, dass es so wie bisher mit traditionell endlosen Kämpfen und Fehden zwischen Familien und Stämmen nicht endlos weitergehen kann.

Denn es wird dabei nicht nach den Ursachen gefragt. Der Streit beruht auf den normierten Regeln, ungeachtet der Tatsache, dass aggressives Verhalten z. B. keinem Kind in die Wiege gelegt, sondern ihm bekanntlich durch das soziale Umfeld vermittelt wird. Viele der sich besonders ungebärdig gebenden Kinder und Jugendlichen haben durch Vernachlässigung und Misshandlungen neben physischen Schäden auch schwere psychische Verletzungen davongetragen. Leider sieht man ihnen das nicht auf den ersten Blick an. Wenn man aber die Hintergründe kennt, kann man durchaus in manchen Fällen durchaus Verständnis für ihr auffälliges Verhalten aufbringen. Dazu kommt es jedoch nicht, wenn der Angegriffene sofort selbst hart gegen den Aggressor vorgeht. Dann bleibt nämlich keine Zeit, Fragen zu stellen und ins Gespräch zu kommen.

Dass diese neue Sicht der Dinge durch Jesus eine solche Kraft entwickelt hat, dass sie sich über weite Teile der Welt ausbreiten konnte, spricht für sich. Dass sie überdies die Basis für gesetzliche Regelungen lieferte und auch heute noch liefert, ist der unwiderlegbare Beweis für ihre Sinnhaftigkeit und ihre Überzeugungskraft. Da nach christlicher Lesart Gott in seinem Sohn Jesus Christus als Mensch unter Menschen lebte, ist es legitim, die in der Bergpredigt als selig, das heißt beglückend bezeichneten Verhaltensmuster als göttlich zu bezeichnen. Wenn sie Eingang gefunden haben in das Bewusstsein und damit in die Lebensweisen unserer Vorfahren, die ja für uns die Menschen waren, die wir kannten, verehrten oder auch fürchteten, so sind sie maßgeblich für die Ausformung unseres Gewissens geworden. Dann spricht aber entgegen der Meinung von Nietzsche und Mitscherlich doch die Stimme Gottes in unserer Brust. Denn sowohl Gott als auch Jesus Christus sind für uns Autoritäten, die Forderungen an uns stellen.

Was aber bringt es uns, sanftmütig und friedfertig zu sein? Nach den Seligpreisungen in der Bergpredigt werden wir die Erde besitzen und Gottes Kinder heißen. Das sind wundervolle Aussichten. Nur frage ich mich, ob sie sich in unserer heutigen Zeit noch für einen der Wirklichkeit entsprechenden Lebensentwurf als tragfähig erweisen.

Unsere Jetztzeit ist gekennzeichnet von einem ungezügelten Streben nach Geld. Denn Geld bedeutet Macht. Früher war Wissen Macht. Scientia est Potentia wussten schon die alten Römer und auch noch der englische Philosoph Francis Bacon. Doch darauf kommt es heute nicht mehr entscheidend an. Viele junge Menschen brechen schon die Schule, die Lehre oder das spätere Studium ab. Für Ausbildungsberufe finden sich keine Interessenten mehr. Das hängt unter anderem damit zusammen, dass auch gut ausgebildete Fachleute und Jungakademiker nicht sicher auf Übernahme bzw. einen dauerhaften Arbeitsplatz rechnen können. Gleichzeitig sehen sie, dass man viel einfacher durch Zocken, Traden, Wetten, Dealen und ähnliche Aktivitäten schnell und ohne große Anstrengung zu viel Geld kommen kann. Dabei spielt leider auch Gewalt als Mittel zum Zweck eine immer größere Rolle. Dass der Einsatz der Ellenbogen schon in Kitas, Vorschulgruppen und Grundschulen zu beobachten ist, stellt für besorgte Eltern und Erzieher fast schon den Normalfall dar. Besonders ausgeprägt zeigen sich die

Probleme in solchen Einrichtungen, in denen viele Kinder der deutschen Sprache nicht mächtig sind.

Dort haben es die Sanftmütigen und Friedfertigen besonders schwer. Wollen sie nicht vollends untergehen, müssen sie sich wehren. Gerade Mädchen geraten in akute Gefahr. Für sie werden zunehmend Selbstverteidigungskurse angeboten. Andererseits sind in letzter Zeit Fälle bekannt geworden, in denen Mädchen erbarmungslos gemordet haben. Das heißt aber auch, wer Frieden will, muss sich für den Krieg wappnen. Das wusste schon der berühmte Kirchenvater Augustinus von Thagaste, der am 13.11.354 n. Chr. in Nordafrika von Monika von Thagaste geboren wurde. Sein „Si vis pacem, para bellum", das heisst „Willst Du Frieden, dann rüste für den Krieg" hallt noch heute nach.

Bedeutet das dann letztlich die Abkehr von den seliggepriesenen Prinzipien der Sanftmut und der Friedfertigkeit? Greift dann doch die fatalistische Erkenntnis, dass der Klügere so lange nachgibt, bis er selbst der Dumme ist?

Diejenigen, die dem ungebremsten Neoliberalismus mit seinen klar sozialdarwinistischen Tendenzen anhängen, mögen das für hinnehmbar halten. Die zahlenmäßig kleine Gruppe von Reichen, die ihren Reichtum entweder geerbt oder durch unverschämtes

Glück erhalten haben, lebt ohnehin in ihrer eigenen Welt. Für die spielen solche profanen Dinge absolut keine Rolle, weil sie damit kaum in Berührung kommen.

Unter der großen Zahl der Armen und derer, die von akuter Armut bedroht sind, macht sich die Erkenntnis breit, dass man es mit harter Arbeit, sogar mit zusätzlichen Zweit- und Drittjobs nicht mehr weit bringt. Löhne und Gehälter werden durch Mieten und die steigenden Lebenshaltungskosten aufgezehrt. An die Bildung von Rücklagen ist nicht mehr zu denken. Deshalb entscheiden sich immer mehr, auf andere Weise das schnelle Geld zu machen. Dabei werden durchaus auch Straftaten in Betracht gezogen. Jedenfalls wird der Umgangston rauer und das Verhalten im Allgemeinen rücksichtsloser.

Muss man das als Christ oder als nicht religiöser Humanist einfach so über sich ergehen lassen, sich in seinen eigenen vier Wänden vergraben? Hat Jesus diese Folgen für die Menschen, die seinen Werten entsprechend leben, nachgiebig und friedfertig sind, so vorausgesehen oder gar in Kauf genommen? Das sicher nicht; also stellt sich die Frage, welche Überzeugung er mit dem Postulat der Friedfertigkeit und Sanftmut verband. Das herauszufinden, ist nicht schwer. Jesus steht für den von ihm ausgerufenen und auch verkörperten neuen Weg. Er löst sich damit von den alten

Überzeugungen und Regelwerken, die bis dahin im Volk Israel die Richtung bestimmt haben. Die Geschichten im Alten Testament zeigen, wie unheilvoll sich die vielen Kriege, Blutrachen und Fehden ausgewirkt haben. Jesus erkennt, dass das nur durch ein tiefgreifendes Umdenken geändert werden kann. Deshalb will er das Auge – um – Auge – Zahn – um – Zahn – Dogma überwinden. Nicht mehr Vergeltung sollte im Vordergrund stehen, sondern Nachsicht, nicht mehr Attacke, sondern Entschuldigung und Verzeihen. Und er wusste, dass dies, wie alles Neue zu massiven Abwehrreaktionen der konservativen Kräfte führen würde. Und dennoch war für ihn klar, dass es großer Anstrengungen und Opfer bedurfte, um einen Weg aus dieser Sackgasse ständiger Fehden und Kriege zu finden. Das für den Menschen als Zoon Politikon im Sinne des griechischen Philosophen Aristoteles so wichtige Zusammenleben in sozialen Gruppen ist nur möglich, wenn sich die Einsicht durchsetzt, dass man durchaus auch einmal zurückstecken kann, ohne gleich als Verlierer oder Memme zu gelten. Immanuel Kant hat das mit seinem kategorischen Imperativ zum Dogma für ein vernunftbestimmtes Verhalten im zwischenmenschlichen Umgang erhoben und damit das Denken in der westlichen Welt wesentlich geprägt.

Das heißt, ein gedeihliches Zusammenleben vieler Menschen auf einem engen Territorium kann nur funktionieren, wenn der Gemeinsinn die geltenden Regeln vorgibt. Darauf bauen Demokratien mit ihren Gesetzen und Verfassungen auf.

Jesus erkannte, dass Besitz und das darauf ausgerichtete Streben schädlich für den Gemeinschaftsgedanken ist. Es schürt Neid, Bosheit und Ängste. Deshalb verlangte er vor allem von seinen Jüngern, aber auch von seinen sonstigen Anhängern die Aufgabe des persönlichen Besitzes und die Vergesellschaftung aller materiellen Güter. Er hat wiederholt darauf hingewiesen, dass der Mammon den Weg ins Paradies versperrt. Als Paradies wird ein Zustand umfassender Zufriedenheit und Harmonie bezeichnet. Das gilt gemeinhin als Glück.

Reichtum indessen bedeutet Macht und Macht trägt auch immer die Verführung in sich, diese Macht tatsächlich auszuüben und sie auch zu missbrauchen. Sie trennt die Menschen in die Gruppe derjenigen, die Macht ausüben und in die jener, über und an denen Macht ausgeübt wird. Da ist für Zufriedenheit und Harmonie nur noch wenig Platz.

Jesus musste auch erkennen, dass die Vorstellung einer Gesellschaft, in der alle materiellen Güter vergemeinschaftet sind und deshalb Friedfertigkeit und Sanftmut eine reale Chance als Grundlage eines harmonischen Zusammenlebens haben, eine Utopie bleibt. Sehr anschaulich und auch schmerzhaft erlebt er das im Fall des reichen Jünglings (Matth. 19,25). Ein junger Mann, der sein Jünger werden möchte, kommt zu ihm und fragt, was er dafür tun soll. Jesus hält ihn für geeignet und rät ihm, sein Vermögen zu verkaufen und unter die Armen zu verteilen. Doch dazu ist der Jüngling nicht bereit. Er geht traurig davon, weil er sehr reich ist. Und Jesus bleibt tief enttäuscht zurück.

In Matth. 6,24 weist er deshalb darauf hin, dass man nicht gleichzeitig zwei Herren dienen kann. Deshalb muss man sich zwischen Gott und dem Mammon entscheiden. Obwohl er um die Schwierigkeit weiß, die eine solche Entscheidung gerade den reichen Menschen abverlangt, hält er die Forderung, sich vom Reichtum zu trennen, aufrecht, weil sie einen wichtigen Schritt zur Erreichung des Ideals einer humanen Gesellschaft darstellt. Deshalb sollen sie die Anhänger seines neuen Weges mit aller Kraft anstreben.

Es kann nicht verwundern, dass dieses Ideal Bestandteil unseres Denkens, unserer Kultur und nicht zuletzt auch unseres Gewissens geworden ist. Die aus der Erfüllung dieser Aufgabe erwachsende Kraft lässt sich auch daran ablesen, dass unser geltendes Rechtssystem, das unseren Alltag maßgeblich bestimmt, viele Postulate aus den Seligpreisungen enthält.

Dazu gehört auch das Recht, sich zu wehren, wenn man selbst oder ein anderer angegriffen wird. Das ist in den §§ 32 und 34 StGB und §§ 227, 228, 904 BGB geregelt. Das ist kein Widerspruch zur Forderung Jesu, sanftmütig und friedfertig zu sein. Die Seligpreisungen stehen für Idealzustände, die angestrebt werden sollen. Nur bei Erreichen eines Mindestmaßes an Harmonie ist das Leben lebenswert. Die Folgen dessen, wenn Streit, Gezänk und Auseinandersetzungen ausbrechen, sei es in der Familie oder in der Nachbarschaft oder auch im weiteren Umfeld, lässt sich in den Presseportalen der Polizei und Berichten über Gerichtsverfahren in den Tageszeitungen nachlesen. Für alle Betroffenen wird das Leben zur Hölle. Das aber soll vermieden werden. Denn nicht nur der Angreifer stört die Harmonie, sondern auch derjenige, der sich wehrt. Er muss sich oft genug über lange Zeit mit der Auseinandersetzung und ihren alle -belastenden Folgen beschäftigen. Deshalb kann es manchmal tatsächlich klüger sein, den Angriff ins Leere laufen zu lassen, statt zu kontern.

Das heißt aber nicht, dass man sich nicht selbst verteidigen oder dem Opfer eines Angriffs nicht tatkräftig helfen darf. Den Opferschutz verlangt schon das laut Jesus zweithöchste Gebot der Nächstenliebe. Auch das hat seinen Platz in unserer Rechtsordnung gefunden. Das Notwehrrecht bezieht sich auch darauf, einem

Dritten zur Seite zu stehen, soweit es erforderlich ist, einen Angriff auf ihn abzuwehren. Und es erscheint auch durchaus plausibel und sinnvoll, dafür zu sorgen, dass man bereit und in der Lage ist, sich im entscheidenden Moment zu verteidigen. Es kann durchaus abschreckende Wirkung haben, wenn man zeigt, dass man sich gegen Angriffe zu wehren weiß. Wer dies aber provokativ zur Schau stellt, darf sich nicht wundern, wenn sich der eine oder andere Zeitgenosse dadurch herausgefordert fühlt. Auf das rechte Maß kommt es auch dabei an.

Wie auch bei der Notwehr selbst. Sie darf nicht exzessiv, also übermäßig ausgeübt werden. Grundsätzlich geht es darum, die eigene Zufriedenheit, die Ausgeglichenheit, den inneren Frieden zu erreichen und zu erhalten. Nur dann wird ein würdiges und lebenswertes Leben auch in Gemeinschaft möglich. Das meint Jesus, wenn er sagt: Selig, d.h. glücklich sind die Sanftmütigen und Friedfertigen.

Die damit verbundenen Erwartungen hat Immanuel Kant wie folgt formuliert:

„So, wie die Idee die Regel giebt, so dient das Ideal in solchen Fällen zum Urbilde der durchgängigen Bestimmung des Nachbildes; und wir haben kein anderes Richtmaß unserer Handlungen, als das Verhalten dieses göttlichen Menschen in uns, womit wir uns vergleichen, beurtheilen und dadurch bessern, obgleich wir es niemals erreichen können" (Metaphysik der Sitten, Werkausgabe Band III, heraus gegeben v. Wilhelm Weischedel, Suhrkamp Verlag, S. 470).

Der göttliche Mensch in uns, wie es I. Kant beschreibt, ist das Ideal, das in besonderem Maße auch durch die Seligpreisungen bestimmt wird, ist Richtschnur für unsere Handlungen. Diesem Ideal gilt es nachzueifern, um sich zu verbessern, das heißt, ein besserer Mensch zu werden.

Und dieser göttliche Mensch in uns ist deshalb auch Teil unseres Gewissens. Wenn es sich von Zeit zu Zeit bei uns meldet, sollten wir darauf hören, weil daraus auch die Stimme Gottes spricht neben der der menschlichen Autoritäten, die für uns wichtig waren.

Jesus und die Kirchen

Kirchen als Gebäude haben schon von jeher eine besondere Bedeutung als Räume des Gebetes, der Andacht und des besonderen Schutzes vor Bedrängnis gehabt. Für die Juden war das der Tempel. Nach seiner endgültigen Zerstörung übernahmen die Synagogen diese Rolle. In christlich geprägten Ländern wurden Kathedralen, Dome, Kirchen und Kapellen gebaut. Sie waren und sind Stätten der gemeinschaftlichen Gottesdienste, der Gebete, der Lehre und der Bewahrung von wichtigen Devotionalien und kirchlichen Kunstschätzen.

Doch mit den ständig steigenden Austrittserklärungen der Mitglieder beider christlichen Konfessionen verlieren die Kirchengebäude zusehends an Bedeutung. Zudem wird es immer schwieriger, angesichts der Rückgänge der Kirchensteuern noch die Unterhaltungskosten für die zum Teil schon uralten Bauwerke aufzubringen. Immer mehr dieser altehrwürdigen Gebäude müssen deshalb aufgegeben, entweiht, umgewidmet und auch verkauft werden. Dass dies auf großen Unmut der Gläubigen stößt und es angesichts der Bedeutung dieser Bauwerke auch für Jesus zu heftigen Auseinandersetzungen in den Gemeinden kommt, ist nicht verwunderlich. Zu oft haben die Christen schon von klein auf die Geschichten vom zwölfjährigen Jesus im Tempel (Luk. 2, 41-52), von der Tempelreinigung (Matth. 21, 12 ff; Mark. 11, 15; Luk. 19, 45; Joh. 2, 13-16) und von der Geschichte der Ehebrecherin (Joh. 7, 53 ff), die sich ja im Tempel abspielte, gehört. Gerade sein Ausspruch: „Warum habt ihr mich gesucht? Wusstet ihr nicht, dass ich in dem sein muss, was meinem Vater gehört?"

Daraus leitet sich naturgemäß der Eindruck ab, dass der bauliche Raum einer Kirche als das, was dem Vater gehört, eine ganz besondere Bedeutung für die Gläubigen hat. Das wird noch unterstrichen durch die Tatsache, dass Jesus die an die Stelle des Tempels getretenen Synagogen als Ort für seine Predigten und Lehren nutzte (Luk. 4, 14: „Und Jesus kam in der Kraft des Geistes wieder nach Galiläa; und die Kunde von ihm erscholl durch das ganze umliegende Land. Und er lehrte in ihren Synagogen und wurde von jedermann gepriesen"). Wenn auch das Verständnis, dass ein zu einer Kirche geweihtes Gebäude Gottes Eigentum ist, einer einfachen Vorstellung entspricht, so liegt darin doch ein Stück Ehrfurcht vor dem, was sich innerhalb dieser Mauern abspielt an religiösen Handlungen und Empfindungen. Das ist das, was Jesus meint, als er in jungen Jahren mit den Schriftgelehrten und Pharisäern im Tempel diskutiert und dabei bereits wegen seiner profunden Bibelkenntnisse erhebliches

Aufsehen erregt. Es ist das, was wir Gottesdienst nennen, das Gespräch über und mit Gott. Heute erschöpft sich das, was Gottesdienst genannt wird, leider allzu oft nur noch in ritualen Handlungen ohne eine richtige Beteiligung der Gemeinde. Heißt, die von den Gläubigen so dringend benötigte Seelsorge, die Hilfe in psychischer Not, in schwerer Anfechtung und bedrückenden Grenzsituationen bleibt auf der Strecke. In den Pfarrhäusern ist dazu kaum noch ein Ansprechpartner präsent. Dennoch bleibt die Kirche für viele Gläubige ein heiliger Ort und deshalb wird eine drohende Aufgabe bekämpft. Und manchmal hilft auch der liebe Gott, wie die folgende Geschichte zeigt, die sich in etwa so zugetragen hat. Sie beweist: Wunder gibt es immer wieder. Leider findet das aber nur noch selten den Weg in die sozialen Medien. Und wenn, geht eine solche Meldung kaum viral wie manch anderer unbedeutender Schnickschnack. Deshalb erzähle ich die so interessante Geschichte hier.

Die alte Kirche kostet zu viel Geld. Das war schon zum geflügelten Spruch im Gasthaus und beim Bäcker geworden. Das Presbyterium tagte unablässig. Wir müssen sie verkaufen, lautete dann der Beschluss. Es gab nur noch eine kleine Zahl von Gemeindegliedern. Der Pfarrer wurde schon vor einiger Zeit versetzt. Gottesdienst findet im Nachbarort statt, manchmal in der Schule. Da war es schon beinahe ein Glücksfall, dass ein Hotelbesitzer aus der nahen Stadt Interesse an der kleinen Kirche bekundet hatte. Er wollte sie in ein feines Restaurant verwandeln. Das sei genau das richtige für seine besonders betuchten Gäste. Das erregte vor allem die älteren Gemeindeglieder. Sie erhoben lautstark Widerspruch. Einige der Alten ließen sogar Plakate drucken. Darauf war zu lesen: "Stehet nicht geschrieben: Mein Haus soll heißen ein Bethaus allen Völkern? Ihr aber habt eine Mördergrube daraus gemacht! Und er trieb aus die Verkäufer und die Käufer in dem Tempel." (Markus 11, Vers 17). Diese stellten sie vor der Kirche auf, trugen sie in Demonstrationszügen durch den Ort bis vor die Kreiskirchenverwaltung in der nahen Stadt. Doch alle Versuche waren umsonst. Das Geld reicht einfach nicht mehr. Allein die Heizung kostet mehr, als wir das ganze Jahr an Almosen und Spenden bekommen, konterte der Superintendent. Noch ein paar Monate, dann seid ihr zahlungsunfähig und müsst Insolvenz anmelden. Das war ein schwerwiegendes Argument. Früher, ja da gab es einen Ziegeleibetrieb und einen Steinbruch. Da kamen immer viele Leute am Sonntag in die Kirche und das Kollektenkörbchen am Ausgang war immer wohl gefüllt. Auch gab es reichlich Spenden, z.B. aus Dank dafür, dass die Arbeiter längere Zeit von schwereren Unfällen verschont geblieben waren. Doch seitdem die

Betriebe geschlossen werden mussten und die Arbeiter weggezogen sind, ist alles anders geworden. Im Laufe der Zeit war auch die Kirche unansehnlich geworden und hätte dringend renoviert werden müssen. Doch dafür reichte das Geld erst recht nicht mehr. So machten sich alle mit der traurigen Vorstellung vertraut, dass im Frühjahr der Verkauf und damit auch der Umbau in ein Restaurant nicht mehr abgewendet werden konnten.

Und dann passierte noch etwas Schlimmes: als die Küsterin in der Adventszeit wieder einmal einen der wenigen Gottesdienste vorbereitete, die noch in dem Kirchlein stattfanden, traute sie ihren Augen nicht: rundum, etwa in Brusthöhe, waren die Wände mit schwarzer Farbe oder gar mit einem Spray beschmiert. Als sie genauer hinschaute, konnte sie mit Hilfe ihrer Taschenlampe Buchstaben erkennen. Und dann las sie: Der liebe Gott darf nicht verkauft werden. Dieser Satz fand sich mehrmals. Und ein anderer auch: Wer die Kirche verkauft, verkauft den lieben Gott.

Na, das war ja die Höhe. Wie das aussah! So konnte man ja keinen Gottesdienst feiern. Die Küsterin bebte vor Empörung. Sie war zwar auch entschieden gegen die Verkaufspläne, aber so ging es nun auch nicht. Eilends kramte sie in ihrer Tasche nach dem Handy. Als erstes informierte sie den Pfarrer, d.h., sie versuchte es. Es meldete sich jedoch wieder einmal nur der

Anrufbeantworter. Der spulte das so bekannte und gehasste Sprüchelchen ab: "Bin leider wieder einmal in der Gemeinde unterwegs und kann den Ihren Anruf deshalb nicht persönlich entgegennehmen. Aber wenn Sie mir Namen und Telefonnummer, vielleicht auch schon den Grund Ihres Anrufes nach dem Pfeifton auf Band sprechen, werde ich Sie umgehend zurückrufen." Immer dasselbe Lied, knurrte die Küsterin. Weshalb geht seine Frau nicht ran? So war es doch bei seiner Berufung vereinbart. Aber wenn sie erst einmal im Sattel sitzen, ist auch bei Pfarrersleuten alles nicht mehr wahr. Dann wählte sie die Nummer des Vorsitzenden des Presbyteriums. Der Herr Doktor war zwar sehr beschäftigt und man erreichte ihn auch selten beim ersten Versuch, aber man erreichte in der Regel seine Frau und die wusste, wie sie ihn ans Rohr bekam. Diesmal war er sogar gleich selbst am Apparat. Das gibt es doch nicht, schimpfte er, als die Küsterin den Frevel gemeldet hatte. Ausgerechnet jetzt, wo wir uns noch einmal alle auf eine letzte Vorweihnachtszeit mit unserer Kirche gefreut haben, gibt es auch noch diesen Ärger. Kann man den Schmutz abwaschen? Oder muss man ihn schnell überstreichen? Ja, er war schon ein Mann der Tat, der Vorsitzende. Fragen Sie doch schnell unseren Kirchbaumeister, der kommt doch gleich zum Gottesdienst. Aber unabhängig davon würde es mich interessieren, wie dies geschehen konnte. Die Kirchentür ist doch immer abgeschlossen. Oder haben Sie vergessen, abzuschließen? Klar, knurrte die Küsterin, jetzt soll ich der Prügelknabe sein. Nein, klärte sie den Vorsitzenden dann auf, ich habe wie immer abgeschlossen. Aber ich kann mir schon denken, wie das passiert ist. Sie wissen doch, dass unsere Kantorin Orgelunterricht gibt und dann mit ihren Schülern ständig in die Kirche zum Üben geht. Und während die dann auf der Empore sitzen und orgeln, kann man sich schon unbemerkt einschleichen und auch wenig später nach der Tat wieder ebenso unbemerkt verschwinden. Und die Wände beschmieren geht ja schnell und geräuschlos. Übrigens, der letzte Orgelunterricht fand vor zwei Tagen statt. Da muss es geschehen sein. Man konnte aus ihren Worten deutlich den Widerwillen gegen den Orgelunterricht heraushören. Und sie wusste sich damit in Übereinstimmung mit den meisten Mitgliedern des Presbyteriums, die auch nicht gut auf die Kantorin zu sprechen waren. Trotz leerer Kassen erhielt sie nach wie vor jeden Monat ein stattliches Gehalt und wehrte sich mit allen Mitteln gegen eine Kürzung. Das hatte gerade in den letzten Tagen noch zu einer heftigen Kontroverse mit der Kantorin geführt, weil sie für die Orgelstunden der Kirchengemeinde keinen Obolus zukommen lassen wollte, von ihren Schülern aber fleißig dafür kassierte.

Ja gut, meinte der Vorsitzende, dann hätten wir eine Erklärung, wie die Schmiererei zustande gekommen sein könnte. Aber wir wissen damit noch nicht, wer hier Hand oder auch Pinsel angelegt hat. Das lassen Sie mal meine Sorge sein, knurrte die Küsterin wieder halbwegs besänftigt. Ich habe da so meine Quellen. Ich melde mich wieder. Und so geschah es. Kurz nach Beendigung des Gottesdienstes, in dem die Wogen in der gut gefüllten Kirche erneut sehr hoch gingen, sogar der Pfarrer von der Kanzel über den Verfall der Sitten wetterte, was das Zeug hielt, konnte die Küsterin schon Vollzug melden. Sie informierte den Vorsitzenden zunächst darüber, dass der Sohn des Bürgermeisters und zwei weitere Kinder genau in der Zeit, in der die Kantorin Orgelunterricht erteilte, mit Jutebeuteln über der Schulter mehrfach um die Kirche herumgelaufen sind. Sie waren von Anliegern beobachtet worden. Die fühlten sich vom lauten Orgelspiel in der Kirche außerhalb der üblichen Gottesdienstzeiten maßlos genervt und beobachteten genau, was sich um die Kirche herum abspielte. Und dann ging alles Schlag auf Schlag: im Haus des Bürgermeisters und in noch zwei anderen Familien gab es kurze und heftige Diskussionen zwischen den Vätern und ihren halbwüchsigen

Söhnen, ein tränenreiches Geständnis und heiße Ohren.

Als nächstes folgten Entschuldigungen und Zusagen, den Schaden kurzfristig wieder gut zu machen. Als sich dann noch die Feststellung des Kirchbaumeisters verbreitete, man könne die Farbe mit etwas Mühe noch abwischen, stand fest, dass die Aufregung fast umsonst war. Am nächsten Morgen in aller Früh wurde zur großen Überraschung der Nachbarn die Kirchentür schon wieder aufgeschlossen und ließ eine Gruppe von Kindern einziehen, die Küsterin voneweg. Sie waren mit Eimern und Lappen bewaffnet. Bevor die neugierig gewordenen Alten, die sich nach und nach vor dem schmiedeeisernen Kirchentor eingefunden hatten, so recht wussten, was da in der Kirche ablief, erscholl von drinnen plötzlich ein vielstimmiger Aufschrei. Wenige Minuten später kamen der Vorsitzende des Presbyteriums, der Pfarrer und danach der Kirchbaumeister in ihren Autos vorgefahren und verschwanden wortlos und sehr eilig in der Kirche, nachdem ihnen auf lautes Klopfen die Tür aufgeschlossen und hinter Ihnen sofort wieder verschlossen worden war. Schließlich erschienen noch andere Mitglieder des Presbyteriums und mit einiger Verspätung ein älterer Herr mit Künstlermähne, Schal und Trenchcoat. Das ist der Landeskonservator, raunte einer der draußen Wartenden. Den kenne ich. Und seht, sein

Auto hat das Kennzeichen der Regierung. Was soll das alles ? Stürzt die Kirche ein?, fragte ein anderer mit banger Stimme. Wie man gehört hatte, war sie ja schon ein bisschen baufällig. Aber es fehlt halt hinten und vorne das Geld! Nein, damit hat das nichts zu tun, sagte ein anderer. Der kümmert sich nur um erhaltenswerte Kunstwerke. Aber unsere Kirche kennt er doch längst!

Ihre Geduld wurde auf eine lange Probe gestellt, während man aus dem Kircheninnern lautes Stimmengewirr vernehmen konnte. Und dann flog plötzlich die Kirchentür auf und der Pfarrer stürzte ganz aufgeregt mit erhobenen Armen fuchtelnd heraus. Kommt alle herein, rief er dann mit halb erstickter Stimme, ein Wunder ist geschehen, ein Wunder, ja, ein richtiges Wunder! Erst langsam, dann immer schneller, lief der Pulk von Menschen zur Kirchentür und dann dem Pfarrer hinterher bis zu einer Stelle der Außenwand in der Sakristei, wo auf einer Fläche von ca. einem Quadratmeter der cremefarbene Wandanstrich weggewischt worden war. Und darunter kamen Teile von Bildern in den schönsten Farben zum Vorschein. Alles war mäuschenstill. Und dann sagte der Landeskonservator in diese Stille hinein: tja, ich bin mir jetzt sicher. Ihre Kirche beherbergt Malereien aus dem späten Mittelalter, die sich in einem hervorragenden Zustand befinden. Man hatte sie in der Zeit der Reformation bzw. der sich dann anschließenden Zerstörungen durch die sog. Bilderstürmer in aller Eile überstrichen, um die Bilder unsichtbar zu machen und sie auf diese Weise zu retten. Sie können den Kindern danken, die in guter Absicht, wenn auch mit den falschen Mitteln versuchten, den Verkauf zu verhindern und dadurch dazu beigetragen haben, dass sie jetzt wiederentdeckt wurden. Es hielt sich schon seit langem das Gerücht, dass hier in der Gegend ein berühmter Maler gearbeitet haben soll. Man hatte jedoch keine Ahnung, ob dies auf Tatsachen beruhte und wenn ja, wer der Maler gewesen sein könnte und wo er tätig geworden ist. Das Wo kennen wir jetzt. Das Wer herauszufinden, dürfte nicht schwer sein, denn in dieser Qualität haben nicht viele Künstler in jener Zeit gearbeitet. Sie haben jedenfalls einen sensationellen Schatz in Ihrer Kirche, den es zu hüten gilt und der zu einem Magnet für Kunstkenner und Kunstliebhaber, aber auch für Historiker werden wird. Die Entdeckung ist ein Gewinn für die ganze Region. Der Landeskonservator war ins Schwärmen geraten. Wir müssen zunächst aber das Gebäude selbst, insbesondere das Dach, in Ordnung bringen, fuhr er fort, damit es nicht rein regnet. Und dann müssen Fachleute die ganze Pracht freilegen. Dafür stellt das Land Zuschüsse zur Verfügung. Und was ist jetzt mit dem geplanten Umbau zu einem

Restaurant, rief jemand dazwischen. Das kommt überhaupt nicht in Frage, schrie der Landeskonservator zurück. Das hier ist ein ganz besonders schutzwürdiges Kulturgut und darf schon von Gesetzes wegen nicht kommerzialisiert werden. Dies ist und bleibt ein sakraler Raum. Das war schon immer meine Meinung. Die letzten Worte gingen in dem Jubel und Beifall der inzwischen zahlreich versammelten Menschen in der kleinen Kirche unter. Plötzlich begann ein fulminantes Orgelspiel. In die Manuale griff zur Überraschung aller die Kantorin, die sich unbemerkt auf die Empore begeben hatte. Die Kirchenglocken erklangen und der Pfarrer rief in den Trubel hinein: lasst und spontan dem lieben Gott für die wunderbare Wiederentdeckung der Bilder danken und unseren Kindern für ihre gute Absicht, den Verkauf der Kirche zu verhindern. Manchmal kann man auch von Kindern lernen. Und dann fand ein Dankgottesdienst statt, wie ihn die kleine Kirche nur noch am Ende beider Weltkriege erlebt hatte.

Die Auferstehung Jesu: Vom Leben und Nicht-Sterben

Es ist der Kernsatz unseres christlichen Glaubens: Jesus wird gekreuzigt, stirbt und wird begraben. Am dritten Tag ersteht er auf von den Toten und fährt auf in den Himmel. Dort sitzt er zur rechten Hand Gottes. Von dort wird er kommen zu richten die Toten und die Lebenden. Er hat den Tod überwunden. Damit dürfen alle, die glauben, auf das ewige Leben hoffen. Und das ohne eigenes Zutun. Das ist die frohe Botschaft, das Evangelium. Soweit die Bibel. Und jetzt zu uns. Haben wir nicht immer noch Zweifel am Wahrheitsgehalt dieser Geschichte? Fehlen uns nicht eindeutige Beweise? Sind wir noch immer darauf angewiesen, nur zu glauben, darauf zu vertrauen, was uns die Evangelisten von Jesus erzählt haben? Und die Fragen gehen noch weiter. Es geht um das Alpha und das Omega unseres Lebens. Wir wollen deshalb mehr über uns wissen. Das ist übrigens auch ganz im Sinne Emmanuel Kants, unseres großen Vordenkers, dessen 300. Jubiläum wir 2024 gefeiert haben. Er vertraut darauf, dass Menschen kritisch denken können und dies auch tun. Denn nur kritisches Hinterfragen dient dem Erkenntnisgewinn und führt weiter.

Ich habe noch keinen Menschen getroffen, der sich nicht mit der Frage beschäftigt hat, wo wir herkommen und was mit uns geschieht, wenn wir gestorben sind. Wir wissen natürlich, dass wir aus Eizelle und Sperma gezeugt werden und dass unser Körper nach dem Tod wieder in seine Ursprungsstoffe zerfällt. Aber die Menschen haben, seit sie denken können, darüber nachgedacht, was vor der Zeugung war und nach dem Tod ist. Kommen wir aus dem Nichts und gehen wieder ins Nichts? Das wäre ein bedrückender Gedanke. Alle wünschen sich, dass etwas bleibt und haben Angst davor, nach dem Leben in ein abgrundtiefes Loch zu fallen. Deshalb wollen manche ihr Ende so lange hinauszögern, wie es nur geht. Andere klammern sich an die christliche Auferstehungserzählung, die in ähnlicher Form auch der Islam kennt, oder an die buddhistische Seelenwanderung. Andere wiederum machen sich die Lehre der griechischen Philosophen zu eigen, wonach die Seele nach dem Tod zurückkehrt zu ihrem Stern, von dem sie gekommen sind und wo sie dem Höchsten Rechenschaft über ihre irdische Zeit abzulegen hat.

Für mich ergibt das alles insofern einen Sinn, als alle diese Vorstellungen sich um einen bestimmten Kern bewegen, der nach den neueren wissenschaftlichen Erkenntnissen, insbesondere der Physik, ein erstaunliches Maß an Realität aufweist.

Ausgangspunkt ist dabei die inzwischen unbestreitbare Tatsache, dass es Materie im herkömmlichen Sinn gar nicht gibt. Was wir gemeinhin als feste Stoffe ergreifen, betasten, bearbeiten können, ist das Ergebnis eines komplizierten Denkvorgangs in unserem Gehirn. In Wirklichkeit wirken hier nur Kräfte, die sich anziehen und abstoßen. Durch eine im Laufe der kindlichen Entwicklung erlernten Fähigkeit werden die energetischen Vorgänge zu Bildern umgewandelt, aus denen sich dann unser eigener Körper und unsere Umgebung zusammensetzt. Erst nach und nach „begreifen" wir, was eigentlich unsichtbar abläuft. So besehen war die von Platon stammende Vorstellung von den Ideen der Dinge also durchaus nicht so weit hergeholt.

Entscheidend für die Frage, was sich nach dem Tod abspielt, ist dies aber nicht. Da kommt der von Max Planck so anschaulich dargelegten Tatsache, dass es Materie eigentlich nicht gibt, entscheidende Bedeutung zu. In seiner Rede anlässlich der Verleihung seines Nobelpreises führte er über das „Wesen der Materie" auszugsweise aus:

„Als Physiker, als Mann, der für sein ganzes Leben der nüchternen Wissenschaft der Erforschung der Materie dient, bin ich sicher von dem Verdacht frei, für einen Schwärmer gehalten zu werden. Und so sage ich nach meinen Erfahrungen des Atoms folgendes: Es gibt keine Materie an sich, alle Materie entsteht und besteht nur durch eine Kraft, welche die Atomteilchen in Schwingungen bringt und sie zum winzigsten Sonnensystem des Alls zusammenhält.

Da es im ganzen Weltall weder eine intelligente noch ewige abstrakte Kraft gibt -es ist der Menschheit nie gelungen, das heiß ersehnte Perpetuum mobile (das aus sich selbst Bewegte) zu finden- so müssen wir hinter dieser Kraft bewussten, intelligenten Geist annehmen.

Dieser Geist ist der Urgrund der Materie, nicht die sichtbare, aber vergängliche Materie ist das Reale, Wahre, Wirkliche (der Boden), denn diese Materie bestünde, wie wir es gesehen haben, ohne diesen Geist überhaupt nicht, sondern der unsichtbare, unsterbliche Geist ist das Wahre.- Da es aber Geist an sich nicht geben kann, und jeder Geist einem Wesen zugehört, so müssen wir zwingend Geist-Wesen annehmen."

Da aber auch Geist-Wesen nicht aus sich selbst sein können, sondern geschaffen sein müssen, so scheue ich mich nicht, diesen geheimnisvollen Schöpfer ebenso zu nennen, wie ihn alle Kulturvölker der Erde früherer Jahrtausende genannt haben, GOTT.

Eine Wissenschaft, die den Geist nicht in ihr Denken mit einbezieht, kann nicht zur Wahrheit vordringen. Die Existenz einer Schöpferkraft muss in den

Wissenschaften als eine unbezweifelbare Tatsache akzeptiert werden.

Geist und Gehirn sind unabhängige Komplexe, die irgendwie in Wechselwirkung stehen. Es gibt aber eine Grenze, über die eine Wechselwirkung in beiden Richtungen stattfindet, die man sic als Fluss von Informationen, nicht von Energie vorstellen kann. Der Geist ist kein Teil der Materie-Energie-Welt, sodass kein Energieaustausch mit der Transaktion verbunden sein kann, sondern nur Informationsfluss. Und dennoch muss der Geist dazu fähig sein, das Muster der Energieprozesse in den Gehirnarealen zu verändern. Es ist schwer verständlich, wie der ich-bewusste Geist mit einer so enormen Komplexität modularer Raum-Zeit-Muster in Beziehung stehen kann".

Der berühmte chinesische Philosoph Lao-Tse hat es so beschrieben: „Ein Wesen gibt es, unfassbar, vollkommen. Es war schon vor Himmel und Erde da, so still und gestaltlos. Alles beharrt es, unwandelbar, alles durchdringend ohne Gefahr. Man kann es die Mutter des Weltalls nennen. Seinen Namen kenne ich nicht. Ich nenne es TAO."

Was sagt uns das bezüglich der Frage, was sich nach dem Tod abspielt? Eigentlich nur, dass Materie im herkömmlichen Sinne vergeht. Das heißt, dass unsere Körperzellen zerfallen und wieder zu den Ausgangsstoffen werden, aus denen sie einst aufgebaut wurden.

Das wissen und das kennen wir. Der Tod ist also das Ende der Körperlichkeit, der Abschied von der irdischen Daseinsform. Und darin ist zunächst nichts Tröstliches zu erkennen. Aber da ist auch die Rede von der Kraft und der Energie, die die Atome in Schwingungen versetzt. Und von einem dahinterstehenden Geist. Das hilft weiter. Energie kann nämlich nach dem von Hermann von Helmholtz formulierten Energieerhaltungssatz (in seinem 1847 erschienen Buch „Über die Erhaltung der Kraft") weder erzeugt noch vernichtet, sondern nur von einer Form in eine andere Form umgewandelt oder von einem Körper auf einen anderen Körper übertragen werden.

Diese in uns steckende Energie bleibt auch nach dem Zerfall unserer Körperzellen, der mit dem biologischen Tod einsetzt, erhalten. Sie war und ist Teil der großen Kraft, die den gesamten Kosmos zusammenhält. Dahinter steht nach übereinstimmender Meinung führender Naturwissenschaftler ein rational agierender Geist. Wenn man diesen Geist Gott nennt, dann ist es naheliegend, von dem in uns wirkenden Teil dieses Geistes als von unserer Seele zu reden. Und die ist demzufolge in gleicher Weise unsterblich.

So erkläre ich mir auch die Auferstehung Jesu. Das ist für mich auf der Basis bisheriger naturwissenschaftlicher Erkenntnisse begreifbar. Der aus organischchemischen Verbindungen bestehende Körper löst sich nach dem Tod in seine Bestandteile wieder auf – Asche zu Asche, Staub zu Staub- und die dahinter - stehende Energie taucht wieder ein in die uns und den gesamten Kosmos beherrschende und umfassende Energie. Von dort war sie ja auch gekommen im Moment unserer Zeugung. Dieser Vorgang ist ein Wechsel des Aggregatzustandes unserer Existenz vom Materiellen ins Geistige. Und er beschreibt den Moment der Befreiung unserer Seele vom Körper, in dem sie für die Dauer des irdischen Lebens gefangen war. Was mir beim Nachdenken über diese Metamorphose noch eingefallen ist, hat zu tun mit unseren Gedanken. Sie sind doch bei näherem Hinsehen wenigstens so ein bisschen vergleichbar mit unserer Seele. Auch unsere Gedanken sind in gewisser Weise angekettet an den biologischen Körper mit all seinen Zellen. Aber die Gedanken sind frei. Selbst in der größten körperlichen Not können sich die Gedanken völlig frei bewegen. Sie bieten uns ein Auswegsszenario, mit dem wir aller Enge unseres Lebens entrinnen können. Dass es auch umgekehrt kommen kann, liegt in der Natur der Sache. Dann denken wir uns trotz des Genusses aller irdischen Freiheiten in eine bedrückende Enge und schließlich in das von Verzweiflung beherrschte Gefühl der Nutzlosigkeit, aus dem dann oft der Entschluss zu einem Suizid reift. Und so, wie die

Gedanken sich von der körperlichen Situation befreit in weite Fernen und völlig andere Umgebungen, sogar in ein anderes Leben wandern oder auch entfliehen können, so entkoppelt sich die Seele vom Körper und taucht ein in das kosmische Meer der energetischen Kräfte.

Damit will ich aber nicht sagen, dass ich es für ausgeschlossen halte, dass sich in der vierten oder sogar in der fünften Dimension noch ganz andere, unvorstellbare Dinge ereignen können. Dass es eine vierte Dimension der Raumzeit gibt, haben uns die Naturwissenschaftler und hier namentlich die Quantenphysiker gelehrt. Sie haben dort Vorgänge messen können, von denen wir Normalsterbliche keine Vorstellung haben. Unser Gehirn, das schon jetzt großartige Leistungen hervorbringt, hat es noch nicht gelernt, die aus der vierten Dimension kommenden elektromagnetischen Impulse in Bilder umzudeuten, wie es das bis zur dritten Dimension kann. Man denke nur daran, dass wir tatsächlich von allem, was wir optisch wahrnehmen, zwei Bilder bekommen. Unser Gehirn führt die beiden Bilder aber zu einem Bild zusammen und ermöglicht so das räumliche Sehen. Und obwohl es den Baum als Gegenstand gar nicht gibt, sondern nur Kräfte, die sich anziehen oder abstoßen, haben wir z.B. ein konkretes Bild des Gegenstandes „Baum" vor Augen. Das kommt dem einen oder anderen vielleicht noch bekannt vor, der in der Schule mit der Ideenlehre des griechischen Philosophen Platon konfrontiert wurde. Auch bei Immanuel Kant spielt die Frage, wieviel Dimensionen das Weltall hat, eine wichtige Rolle (Vorkritische Schriften 1747 – 1756). Einen guten Überblick bietet hierzu ein Artikel von Roland Lehuncq und Jean-Sebastien Steyer in Spektrum.de mit dem Titel „Wie viele Dimensionen hat unser Universum". Sogar der eigenwillige Maler Salvatore Dali hat sich auf seine Weise mit dem Problem auseinandergesetzt und das eindrucksvolle Bild „Crucifixion – Corpus Hypercubus" gemalt.

Manche Wissenschaftler haben zu ihrer Zeit schon so weit vorausgedacht, dass sie ihre Kritiker nicht von der Richtigkeit ihrer Arbeitshypothesen überzeugen konnten. So sprach der Physiker Johann Karl Friedrich Zöllner (08.11.1834-25.04.1882) von der Überschneidung der Dimensionen mit geisterhaften Wesen, die in vier Dimensionen leben, aus dem Nichts entstehen und auch wieder verschwinden. Doch im Sommer 1956 wiesen die Physiker Clyde Cowan und Frederick Reines die Existenz des Neutrinos nach. Dieses kleine Teilchen, das sich mit Lichtgeschwindigkeit bewegt und sogar dicke Mauern durchdringt, wird deshalb auch als geisterhaftes Teilchen bezeichnet. Welch eine späte Bestätigung der Zöllner'schen Hypothesen!

Und wem dann nicht die tolle Geschichte von Schrödingers Katze einfällt, hat keinen Sinn für absolut mysteriöse Vorgänge, die hier aber einen wissenschaftlichen Hintergrund haben. Worum geht es dabei? Zunächst muss man wissen, wer Erwin Schrödinger ist bzw. war, der für dieses paradoxe Gedankenexperiment aus der Quantenphysik verantwortlich zeichnet.

Erwin Rudolf Josef Alexander Schrödinger (12. 08.1887 in Wien; gest. 04.01.1961 in Wien) war ein österreichischer Quantenphysiker und Nobelpreisträger (für Physik zusammen mit Paul Dirac). Er begründete mit dem in Bristol geborenen Physiker Paul Dirac (08.08.1902 – 20.10.1984) die sog. Quantenmechanik. Die Dirac-Gleichung verbindet die spezielle Relativitätstheorie Albert Einsteins mit der Quantenmechanik und legt die Basis für den Nachweis der Antimaterie.

Das 1935 von ihm erfundene Gedankenexperiment dient ihm dazu, die unterschiedlichen Zustände von Atomen aufzeigen. Dazu denkt er sich eine Katze in eine Kiste. Diese Kiste bezeichnet er als Höllenmaschine. Zu der Katze kommen noch weitere Dinge in diese Kiste, eine radioaktive Apparatur, eine Flasche mit Blausäure, ein Hammer und ein Geigerzähler. Im Verlauf einer Stunde kann nun eines der radioaktiven Atome zerfallen oder nicht. Zerfällt es, reagiert der

Geigerzähler und setzt den Hammer in Bewegung. Der Hammer zerbricht die Flasche mit Blausäure. Die Blausäure tritt aus und tötet das Kätzchen. Aber ob das geschieht, weiß man nicht. Dazu müsste man die Kiste öffnen. Von außen betrachtet kann die Katze noch leben oder tot sein. Ähnlich verhält es sich mit einem quantenmechanischen System, solange man es nicht durch eine Messung „überprüft". Bis dahin, das heißt, bis zum Moment des Öffnens der Kiste, überlagern sich die Zustände „lebendig" und „tot" bei der Katze im Verhältnis 50:50.

Dieses Gedankenexperiment des klugen Mannes aus Österreich nahmen Niels Bohr und Werner Heisenberg auf und formulierten daraus 1927 die sog. „Kopenhagener Deutung" (vergl. dazu die gut verständliche Darstellung in www.cosmos-indirekt.de/physikschule/kopenhagener_deutung/ „Physik für alle: Kopenhagener Deutung"). Nach dieser Kopenhagener Deutung oder auch Interpretation beschreibt die Messung (das Öffnen der Kiste in Schrödingers Katzen-Experiment) als Interaktion eines Quantensystems mit einem Messgerät, das seinerseits als klassisches physikalisches System aufgefasst wird (www.cosmos-indirekt.de/physik-schule/quantenmechanik/: Quantenmechanik ist eine physikalische Theorie, die eine zutreffende Berechnung physikalischer Eigenschaften von Materie im Größenbereich der Atome und darunter beschreibt.

Was da in der vierten Dimension wirklich abläuft, können wir uns gar nicht genau vorstellen. Allein das, was man darüber weiß, ist so unglaublich, dass es einem die Sprache verschlägt. Man denke nur an die Verschränkung von Quantenteilchen. Davon sprechen die Quantenphysiker, wenn zwei verbundene Photonen getrennt werden und dennoch auch über große Entfernungen miteinander verbunden bleiben. Spannend liest sich, was Natalie Wolchover dazu in www.spektrum.de/teilchenphysik/ unter der Überschrift: „Verrückter Quanteneffekt erneut experimentell bestätigt" am 11.04.2017 berichtet über das Experiment von österreichischen Kosmologen und Quantenphysikern 2017 in Wien. Die haben dabei Sternenlicht zur Steuerung einer Messung an Teilchen verwendet, die sie zwischen mehreren Gebäuden umhersausen ließen.

Bezieht man dies einmal auf Menschen, etwa eineiige Zwillinge, die getrennt irgendwo in der Welt unterwegs sind und doch „verschränkt" verbunden, dann werden so gern als übersinnlich bezeichnete Erscheinungen wie telepathischer Informationsaustausch plötzlich nachvollziehbar. Oft hört man von solchen Fernwirkungsberichten von Müttern, die eine besonders starke Verbindung zu einem ihrer in der Ferne lebenden Kinder hat und ganz überraschend von Ahnungen befallen wird.

Und noch eine oft gehörte Beobachtung zähle ich hierher: man reist in eine andere Stadt oder ein anderes Land und stellt plötzlich fest, dass man sich ganz heimisch fühlt. Die Gegend, die Menschen, sogar ganze Straßenzüge sind einem vertraut, obwohl man noch nie dort war. Der bekannte Gegenwartsphilosoph Peter Sloterdijk etwa sagt: „Ich glaube daran, dass es im Gedächtnis pränatales Material gibt. Aber auch, dass ich selber Träger von Gedächtnissen bin, die ich nicht zu meinen Lebzeiten erworben habe…

Wir gehen nicht in die Ewigkeit, sondern wir kommen aus ihr. Wir sollten das menschliche Dasein vom zur Welt kommen her denken."(The Pioneer Briefing vom 24.12.2023)

Das sehe ich auch so. Wir sind schon lange bevor wir gezeugt und geboren sind, als energetischer Geist Teil der den Kosmos gestalteten großen Kraft. Und das bleiben wir, auch nachdem unsere irdische Reise beendet ist. Man könnte es die große Metamorphose des Menschseins nennen. Die Natur gibt uns dazu durchaus eindrucksvolle Beispiele: der Schmetterling. Dieses Wunder der Natur beginnt mit einem Ei, das unmittelbar vor dem Verlassen des weiblichen Schmetterlingskörpers erst befruchtet durch den im

Leib des Weibchens verwahrten Samens eines Männchens auf einem Blatt abgelegt und festgeklebt wird. Von dort entwickelt es sich nach und nach und unter ständiger Änderung seiner äußeren Gestalt über eine Raupe oder Larve zu einer Puppe oder Nymphe und dann zu dem herrlichen, farbenfrohen Schmetterling, den alle lieben (www.nationalgegraphic.de/wissenschaft/2020/08/von-der-raupe-zum-schmetterling-metamorphose).

Für mich sind das jedenfalls Hinweise darauf, dass es sowohl in dem kleinen Kosmos in uns selbst als auch in dem uns unmittelbar umgebenden Umfeld als auch im gesamten Universum Dinge gibt, die wir erahnen, aber noch nicht verstehen können. Aber wir erfühlen sie mehr oder weniger intensiv. Ich bin mir auch ganz sicher, dass wir Menschen eines fernen Tages auch gelernt haben werden, aus diesen Räumen kommende Signale in für uns erfahrbare Bilder umzudeuten und damit auch zu begreifen. Aber das, was ich weiß, reicht mir, um meinem irdischen Ende ruhig und getrost entgegenzugehen. Mein Körper wird zerfallen. Meine Energie, die ebenso Teil der unfassbaren Energie ist, die alle Atome im Universum in Schwingungen versetzt, sowie mein Geist, der hinter jeder Materie steht, werden bleiben. Sie kehren zurück zum Ausgangspunkt, vermehrt um die geistigen Leistungen, die ich im Laufe meines irdischen Daseins damit und daran vollbracht habe. Das ist dann das Ergebnis, das dabei herauskommt, wenn jemand „mit seinen Pfunden wuchert", wie man bei Matth. 25, 14 ff lesen kann. Jeder Mensch bekommt ein bestimmtes Maß an Gaben, Fähigkeiten, Talenten. Die muss er einsetzen. Dann wird er vom Geber belohnt. Wer, wie der treue Verwalter, aus einem Pfund nach Rückkehr des Herrn und Gebers fünf Pfund gemacht hat, wird gelobt und belohnt (Luk. 19,16) Wer aber sein Pfund vergräbt, es also ungenutzt ligen lässt, hat keinen Dank und erst recht keine Belohnung verdient. Damit ist der Auftrag an uns alle klar formuliert: Mach was aus dem, was man dir geschenkt hat an allen Fähigkeiten wie Verstand, an körperlichen, handwerklichen, künstlerischen Talenten. Man kann es so beschreiben: Jeder hat einen PC und eine ganze Reihe von Programmen. Damit soll er arbeiten. Was und wie er es tut, ist allein seine Sache. Aber dafür hat er dann auch einzustehen. Und zwar dauerhaft. Denn das Netz vergisst nichts. Das bleibt, auch wenn er nicht mehr lebt. Die Cloud ist dafür ein wunderbares Bild. Das sagt mir die Physik. Gottseidank.

Jesus, der Friedensfürst?

Kriege und Krisen hat es schon immer gegeben. Über die Frage, warum das so ist, haben sich kluge Leute seit eh und je schon immer ernsthaft nachgedacht. Heute umso mehr, wo wir so viele Kriege und Krisen erleben wie seit dem Ende des zweiten Weltkriegs nicht (www.bpb.de/themen/kriege-konflikte/dossier-kriege-konflikte/).

Da seit Mitte der 1990er Jahre weltweit mehr und mehr Konflikte eskalieren – mit fatalen Folgen für die Bevölkerung der betroffenen Regionen, gibt es sogar eigenständige Forschungseinrichtungen, die die Ursachen zu ergründen suchen. Entsprechend der Tatsache, dass man zudem noch unterscheidet zwischen kaltem Krieg -das ist ein Konflikt mit Gewaltandrohung- und heißem Krieg -das ist ein bewaffneter Konflikt mit Gewaltanwendung - wird dabei säuberlich zwischen der Konfliktforschung und der Friedensforschung unterschieden. Die Konfliktforschung ist Teil der politischen Soziologie. Dabei geht es im Wesentlichen um die Begriffe Interesse, Macht, Gerechtigkeit und Gewalt. Die Friedenswissenschaft wird nicht als eigenständige Wissenschaft betrieben, sondern von Historikern, Soziologen, Politologen und Wirtschaftswissenschaftlern betrieben (so nachzulesen in WIKIPEDIA unter dem Stichwort

„Friedensforschung"). Die Anfänge dieser Entwicklung reichen mit dem von Johan Galtung gegründeten Peace Research Institute Oslo zurück in das Jahr 1959 zurück. Waren es zunächst private Initiativen, die sich intensiv damit befassten, gibt es heute auch universitäre Forschungseinrichtungen wie z. B. in Deutschland das Zentrum für Konfliktforschung an der Philipps-Universität Marburg sowie das Zentrum für Naturwissenschaft und Friedensforschung der Universität Hamburg.

Immanuel Kant, unser Vorzeige-Denker, dessen 300. Geburtstag wir im Jahr 2024 gefeiert haben, hat eine ebenso einfache wie überzeugende Erklärung für die ewigen Auseinandersetzungen: „Der Friedenszustand unter Menschen, die nebeneinander leben, ist kein Naturzustand (status naturalis), der vielmehr ein Zustand des Krieges ist, d.i. wenngleich nicht immer ein Ausbruch der Feindseligkeiten, doch immerwährende Bedrohung mit derselben" (vergl. Kant, Zum ewigen Frieden, Zweiter Abschnitt, S. 23).

Diese Skepsis wird so manchen von uns erschrecken, vor allem diejenigen, die an das Gute im Menschen glauben. Damit knüpft er an die alten Römer an, die davon sprachen, dass der Mensch dem Menschen ein Wolf ist (Titus Maccius Plautus 254 – 184 v. Chr.) Ihm folgen die Philosophen Thomas Hobbes (05.04.1588 –

04.12.1679) und Jean-Jacques Rousseau (28.06.1712 – 02.07.1778). Gerade Hobbes verwendete das Sprichwort vom Menschen als des Menschen Wolf (homo homini lupus est).

Und dann kommt Jesus in diese Welt, angekündigt als Kind, als Sohn, mit der Herrschaft auf seiner Schulter; und er heißt Wunder-Rat, Gott-Held, Ewig-Vater, Friede-Fürst (Jesaja 9,5). Und Jesus selbst bestätigt das auch ganz offen (Joh. 14, 27), wenn er in seiner Abschiedsrede sagt: Frieden hinterlasse ich euch, meinen Frieden gebe ich euch; nicht, wie die Welt ihn gibt, gebe ich ihn euch.

Dabei unterscheidet er zwischen seinem Frieden und dem, den die Welt gibt. Und das hat seinen Grund in seinem Verständnis von Frieden als dem inneren Zustand jedes einzelnen Menschen und dem der Welt. Für die Welt bedeutet Frieden das Ende aller Feindseligkeiten (so Immanuel Kant in seinem Traktat „Zum ewigen Frieden", Erster Abschnitt, S. 16).

Für Jesus geht es um den individuellen Frieden, den wir mit uns selbst finden müssen. Der ist bekanntlich ganz entscheidend dafür, wie wir uns nach draußen gegenüber unserer Umwelt und unseren Mitmenschen verhalten. Wer mit sich selbst uneins ist, weil er meint, nicht so zu sein, wie er sein möchte, wer innerlich zerrissen ist, kann kein gutes Familienmitglied, kein guter Nachbar und generell kein guter Mitmensch sein. Deshalb empfiehlt Jesus auch, die dringende Bitte in unser tägliches Gebet aufzunehmen, „und führe uns nicht in Versuchung, sondern erlöse uns von dem Bösen". Damit bringt er zum Ausdruck, was er für nicht kompatibel mit dem inneren Frieden hält: die ständige Versuchung durch Egoismus, Machtstreben, Gier nach Reichtum, Neid. Deshalb sollen wir darum bitten, dass wir von diesen allgegenwärtigen Übeln unseres Lebens erlöst werden. Denn alle diese Verirrungen des menschlichen Denkens führen zur Umsetzung bei nächster Gelegenheit. Gelegenheit macht Diebe, heißt das Sprichwort. Doch bei genauerem Hinsehen trifft es das nicht ganz. Zum Dieb wird nur der, für den es zwischen Dein und Mein keine saubere Trennlinie gibt. Nur dann kann es dazu kommen, dass man schnell zugreift, wenn sich die Gelegenheit bietet. Das gilt zum Beispiel auch noch für andere Sachverhalte, etwa die eheliche Treue. Wer nicht zumindest latent bereit ist, seinen Partner zu betrügen, der wird nicht schwach. Deshalb sind für mich alle Versuche, ein solches Verhalten zu erklären, nur selbstbetrügerische Ausreden. Wer nicht sucht, der wird auch nichts finden. Das meint auch das Gleichnis von der Versuchung Jesu durch den Teufel. Trotz vierzig Tage und Nächte des Fastens in der Wüste widersteht er dem Angebot, Steine zu Brot zu machen, um damit seinen Hunger zu stillen. Wehret den Anfängen, heißt die Forderung, lasst keine dummen Gedanken zu.

So lese ich auch die Bibelstelle, die diesen Jesus vermeintlich in einem wenig friedfertigen Licht erscheinen lässt: Matth. 10, 34 – 39. Dort sagt dieser Friedensfürst: " Meint nicht, dass ich gekommen bin, den Frieden zu bringen, sondern das Schwert." In weiterer Text (Vers 35) heißt es dann: ich bin gekommen zu erregen den Menschen gegen seinen Vater und die Tochter gegen ihre Mutter und die Schwiegertochter gegen ihre Schwiegermutter. Er will also Streit in den Familien entfachen, den häuslichen Frieden stören. Das verträgt sich doch nun überhaupt nicht mit seinem Anspruch, ein Friedensfürst zu sein. Nicht genug, dass wir erleben müssen, wie die vielen Kriege und Krisen mit ihren Folgen bis in die Familien hineinwirken, Freundschaften auf eine harte Probe stellen oder gar zerstören.

Um das herauszufinden, muss man hinterfragen, was Jesus mit diesen Hinweisen tatsächlich meint. Denn er befindet sich mit seinen vermeintlich zwiespältigen Äußerungen in guter Gesellschaft. Auch andere kluge Köpfe wie Platon von Athen (428 – 347 vor Christus), Augustinus von Hippo (*13.11.354 in Tagaste, Algerien- +28.08.430; römischer Bischof und

Kirchenlehrer), Walter Benjamin (15.07.1892-26.09.1940; Philosoph der Frankfurter Schule, Freund von Theodor W. Adorno und Berthold Brecht) setzen sich immer wieder damit auseinander, was Frieden überhaupt ist und wie man ihn erreichen kann. Dabei kamen dann solche Erkenntnisse wie „si vis pacem, para bellum" heraus, ein viel zitierter Satz und auch oft genug falsch interpretiert von Augustinus (De civitate Die XIX, 12). Platon lehrte, dass weder Unrecht tun noch Unrecht erleiden die Grundlage für ein glückseliges Leben sind (Nomoi VIII, 829 St. 2 A). Der Begriff Friede leitet sich von althochdeutsch Fridu ab, was so viel wie Schonung, Freundschaft bedeutete. Damit meinte man einen Zustand ohne Störung durch Krieg. Den kann man auf verschiedene Weise zu erreichen versuchen: man kann wegschauen, zurückweichen und weglaufen, also deeskalieren. Man kann aber der Störung auch entgegentreten, sich zur Wehr setzen, sich durch Angriff verteidigen. Das bedeutet Auseinandersetzung und Krieg.

Als dritten Weg setzen sowohl Platon als auch Augustinus auf Abschreckung. Platon plädierte deshalb dafür, Selbstverteidigungstechniken zu trainieren. Augustinus sprach sich dafür aus, sich zu bewaffnen und Kriegspläne auszuarbeiten. Beides sollte einen potentiellen Angreifer abschrecken.

Die Vertreter der Frankfurter Schule (wie Adorno, Brecht, Horkheimer, Habermas u.a.) identifizieren und bekämpfen in ihrer kritischen Theorie den Imperialismus und die soziale Ungerechtigkeit als Ursachen für Kriege.

Jesus gibt uns seine eigene Interpretationshilfe für das, was er als die Ursache für Streit erachtet: in Vers 37. Dort sagt er: Wer Vater oder Mutter, Bruder oder Schwester mehr liebt als mich, ist meiner nicht wert. Das heißt: es will uns ganz, mit Haut und Haar, mit all unserer Liebe. Und danach erst kommt die Familie. Und er sagt noch etwas: der Feind wird in unser Haus einziehen. Die Versuchung ist ein Feind. Sie kommt auf leisen Sohlen, in dem Drängen von Familienangehörigen, von Freunden, den Glauben an Jesus den Christus vielleicht doch nicht so ernst zu nehmen, stattdessen weiter an den alten Regeln festzuhalten, sich an dem zu orientieren, was die Pharisäer und die Schriftgelehrten predigen: all das entfernt uns von Jesus. Deshalb beten wir ja auch: und führe uns nicht in Versuchung, sondern erlöse uns von dem Bösen. Das trifft es genau, was hinter jeder Biegung unseres Lebens lauern kann: die Versuchung, die uns vom Weg über Jesus zu Gott, dem den ganzen Kosmos bestimmenden und belebenden allmächtigen Geist abbringen will. So wie Rotkäppchen im gleichnamigen Märchen auf seinem Gang zur Großmutter vom Wege abkommt. Und es ist nicht immer der böse Wolf, der als Verführer auftaucht. Oft sind es Menschen, die mit zuckersüßen Versprechungen locken. Deshalb müssen wir immer auf der Hut sein und uns durchaus auch vor uns selbst schützen. Matth. 18, 9: wenn dich dein rechtes Auge in die Sünde bringen will, reiße es heraus! Das ist damit gemeint.

Zu diesem ständigen Kampf mit sich selbst und mit allen anderen, die uns vom rechten Weg abbringen wollen, ruft uns Jesus auf. Damit wir am Ende unseres irdischen Weges unseren Frieden finden und ihn auch unseren Lieben hinterlassen können. Und dazu gehört auch die andere Seite der gleichen Medaille: Wenn dich jemand auf die rechte Backe schlagen wird, dann biete ihm auch die andere dar (Matth. 5, 39). Das ist eine klare Abkehr von dem Prinzip Auge um Auge, Zahn um Zahn des Mose (21, 24), das heute noch immer in Israel gilt, wie der Gaza-Krieg und die dort verübten Gräueltaten sehr anschaulich zeigen.

Und so will er uns eben nicht haben. Wir sollen friedfertig gegen und einig mit uns selbst sein. So haben wir dann auch Teil an Jesus Christus als dem uns verheißenen Friedensfürst.

Ich, Gott und die Welt

Ja, ich wähle bewusst diese Reihenfolge, obwohl ich weiß, dass man das nicht tut. Schon als Kind bekommt man eingetrichtert, dass ein Esel ist, wer sich zuerst nennt. Damit brachte man uns bei: man selbst ist nicht so wichtig, dass man vor anderen Menschen genannt wird. Das habe auch ich verinnerlicht. Und dennoch nenne ich mich hier zuerst, weil ich meine Betrachtungen nur aus meiner individuellen Sicht vornehmen kann. Was ich sehe, was ich fühle und was ich denke, das prägt mich und ist unabdingbar Teil meines Lebens. Gewiss lebe ich mit anderen Menschen zusammen und werde von ihnen beeinflusst. Aber ich habe im Laufe der Zeit gelernt, dass es eine alle und alles umfassende Wahrheit nicht gibt und sich nur ganz individuell bildet. So habe auch ich meine ureigene Sicht auf Gott und die Welt entwickelt und meine persönliche Wahrheit gefunden. Dazu gehört die Erkenntnis, dass es so viele Wahrheiten gibt, wie es Menschen gibt. Denn jeder einzelne Mensch findet im Laufe seines Lebens, bedingt durch Familie, Schule, Beruf, persönliche Erfahrung und die genetischen Vermächtnisse seiner Vorfahren seine spezielle Sicht auf Gott und die Welt und damit auch seine Wahrheit. Deshalb ist es müßig, sich darüber zu streiten, wer die richtige Wahrheit besitzt. Und es ist unredlich, anderen nicht ihre ganz persönliche Wahrheit zuzugestehen. Denn es ist ganz normal, wenn sich im Laufe eines Lebens einzelne Aspekte der Wahrheits- und damit der Erkenntnisgewinnung verändern. Die eine Wahrheit gibt es eben nicht und kann auch nicht per Dekret oder Dogma festgelegt werden. Natürlich hat Wahrheit auch immer etwas mit Wirklichkeit und Fakten zu tun. Fakten, Axiome und apriorisches Wissen sind Grundpfeiler der Wahrheit. Aber dennoch ist der Begriff der Wahrheit schwammig. Er muss sinnvollerweise durch die Abgrenzung zu Möglichkeit und Schein präzisiert werden. Und: die Realität muss jederzeit nachprüfbar sein. Dass diese Realität die Menschheit vor Erkenntnis- und vor allem vor Verständigungsprobleme stellt, zeigen die immer komplexer und abstrakter werdenden Ergebnisse der Quantenphysik. Dazu später mehr.

Und je tiefer ich mich in die Geheimnisse der Natur hineinarbeite, umso größer ist mein Erstaunen über die alten weisen Männer, die sich schon lange vor Jesus Christus Modelle für den Aufbau der Welt ausgedacht haben, die erst in unserer Neuzeit bestätigt werden konnten. Da sind allen voran Leukipios und sein Schüler Demokrit von Abdere (460 – 370 v. Chr.) zu nennen. Sie haben die Anfänge der Atomlehre entwickelt mit der Annahme, dass sich alles aus winzigen, unteilbaren und unsichtbaren Teilchen zusammensetzt und dass diese Teilchen in verschiedenen Zusammensetzungen unsere stoffliche Welt bilden. Galemos berichtet: Nur scheinbar hat ein Ding eine Farbe, nur scheinbar ist es süß oder bitter. In Wirklichkeit gibt es nur Atome im leeren Raum.

Es dauerte bis 1860, bis sich die Vertreter der Atomlehre auf einem Kongress der Chemiker endlich durchsetzen konnten. Die Physiker zogen anhand ihrer Forschungsergebnisse zu den Grundlagen der Wärmelehre nach. Und ein ganz überragender Forscher auf diesem Gebiet war Max Planck. Er hat aus den Gesetzen der Wärmelehre die mit dem Nobelpreis prämierten und gefeierten Grundlagen der Quantenphysik entwickelt.

Danach besteht Materie aus einer Kraft, die Atomteilchen in Schwingungen bringt und sie zum winzigsten Sonnensystem des Alls zusammenhält (so Max Planck und die Quantenphysik). Was wir sehen, fühlen, greifen können sind nur die Ergebnisse gewaltiger Kräfte, die sich anziehen und abstoßen. Daraus Umrisse und Substanz in unserem Kopf als Bilder entstehen zu lassen, ein Gefühl für Gegenstände zu entwickeln, ist die Aufgabe des Gehirns. Dazu muss sich unser Gehirn aber erst ertüchtigen. Dies geschieht im Laufe seines Wachstums vom Baby zum Kleinkind und damit durch die Entwicklung unserer Sinne und des Bewusstseins. Wer hätte gedacht, dass in diesem Zusammenhang ganz maßgeblich die Ribonukleinsäure (RNA) eine Rolle gespielt hat ? Dies wurde auch erst jetzt bekannt. So nach und nach erblicken wir die Geheimnisse unseres Lebens und die der Welt, in der wir leben. Und wir dürfen staunen. Vor diesem Hintergrund erhält auch unser Glauben eine ganz neue Grundlage und auch eine weitere, späte Rechtfertigung. Es fällt auch den härtesten Nihilisten schwer, dies zu ignorieren. So hat gerade Max Planck zum ersten Mal ausgesprochen, was man angesichts der unglaublichen Erkenntnisse der Naturwissenschaftler nicht mehr übersehen kann: zwischen den Naturwissenschaften und der Religion gibt es keinen Widerspruch mehr. Die Physiker mit ihrer Wissenschaft haben ihre Energie und die Religion ihren vernunftgesteuerten Gott. Der große Physiker und Planck-Schüler Werner Heisenberg soll das wie folgt ausgedrückt haben: „Nach einem alten Satz trennt uns der erste Schluck aus dem Becher der Erkenntnis von Gott, aber auf dem Grunde des Bechers wartet Gott auf den, der ihn sucht." So zitiert ihn jedenfalls sein Schüler Carl Friedrich von Weizsäcker in einer Vorlesung im Jahre 1948. Schöner kann man diese besondere Form der Wahrheit nicht formulieren.

Zuvor hatten sich die Aufklärer etwa ab den Jahren 1700 von Gott als einer nur den Fortschritt behindernden Struktur abgewandt, ihn durch rationales Denken überwunden. Seit dieser Zeit bekämpften sich die Naturwissenschaften und die Religion, vertreten durch die mächtige Kirche, wessen Vorstellung von der Entstehung und des Laufs der Erde und des sie umgebenden Universums zutreffend ist. Wobei sich die christliche Kirche durch die Abspaltung der Protestanten unnötig selbst schwächte. Das hatte vor allem mit dem von Martin Luther in die Theologie eingeführten Begriff der Freiheit eines Christen-Menschen zu tun, der nicht in Einklang mit dem alles umfassenden Herrschaftsanspruch der katholischen Kirche zu bringen war und ist.

Trotz allem Vorrang der Vernunft musste aber auch Immanuel Kant erkennen, dass es eine all umfassende moralische Gesetzmäßigkeit gibt, die gleichermaßen für die empirische Welt wie für die der Wissenschaft gilt, beide beruhend auf der Vernunft. Deshalb war er auch davon überzeugt davon, dass die Moral zwingend zur Religion führt, zur sog. Vernunftreligion, also einer solchen, die das moralische Gesetz umsetzt. Dank der Erkenntnisse, die uns vor allem die Quantenphysik gebracht hat, sind wir heute in der Lage, diese Geschehnisse -wie es der Vordenker Kant gefordert hat- rational nachzuvollziehen. Das heißt, wir haben jetzt die Brille, die uns bis dahin gefehlt hat. Seit wir wissen, dass die uns umgebende Materie nichts anderes ist als ein von Energie bewirktes Anziehen und Abstoßen von Atomteilchen, sehen wir diese umfassende Kraft tatsächlich mit anderen Augen. Und seitdem die Naturwissenschaften die Erkenntnis zutage gefördert haben, dass hinter aller Materie ein vernunftgesteuerter Geist steht, ist der frühere Widerspruch zwischen Religion und Naturwissenschaft damit endgültig aufgelöst.

Daraus erschließt sich ein völlig anderes Verständnis dessen, was Jesus sagt: Glaubt mir, dass ich im Vater bin und der Vater in mir ist (Joh. 14, 10). Dieser Geist beherrscht auch jeden von uns. Wir verdanken dieser Kraft unsere irdische Existenz. Zugleich sind wir Teil der Energie, die seit dem Urknall den ganzen Kosmos durchzieht und steuert. Bezeichnet man den hinter aller Materie stehenden Geist als Gott den Vater des Himmels und der Erde, bedeutet das, dass er in uns ist und wir andererseits auch in Ihm sind.

Dies alles heißt für mich zweierlei: einmal wachsen wir in dem Rahmen, wie sich unser Gehirn entwickelt, in eine Welt, wie wir sie nach und nach in unserer Umgebung erkennen können. Beispiel: Unsere Augen liefern dem Gehirn immer zwei Bilder, pro Auge ein Bild. Unser Gehirn hat im Laufe seiner Entwicklung gelernt, diese Bilder zu einem Bild zusammen zu führen, das uns die räumlichen Dimensionen des betrachteten Gegenstandes vermittelt.

Zum anderen steckt in jedem von uns ein Teil der großen Kraft, von der Max Planck spricht, die die Atomteilchen in Schwingung bringt und sie auch zusammenhält. Welche weiteren Schlussfolgerungen sich für mich daraus mit Blick auf weitere physikalische Gesetzmäßigkeiten ergeben, werde ich noch darlegen.

Doch auch in anderen Bereichen der Wissenschaft gibt es Dinge, die zum Nachdenken Veranlassung geben.

So berichtet der berühmte Neurochirurg Peter Vajkoczy in seinem Buch „Kopfarbeit" von dem Fall der damals 35jährigen Musikerin und Mutter Pamela Reynolds Lowery aus Atlanta in Georgia (USA), der sich 1991 zugetragen hat und der ganz und gar unglaublich erscheint. Frau Reynolds musste sich einer sogenannten Stand-Still-OP an ihrem Gehirn unterziehen. Sie litt an einem großen Aneurysma nahe dem Hirnstamm. Dazu musste sie in einen Zustand versetzt werden, in dem sie klinisch tot war. Das Herz war durch Unterkühlung zum Stillstand gebracht worden, das Gehirn blutleer gemacht keine Atmung. Nach dem Eingriff, der am Barrow Neurological Institute Phoenix durchgeführt wurde, berichtete die Patientin von ihrer besonderen Nahtoderfahrung. Sie konnte Details ihrer OP, Gespräche der Operateure im OP wahrheitsgetreu wiedergeben und auch die von diesen benutzten OP-Instrumente genau beschreiben. Und das alles, obwohl sie lückenlos überwacht, leblos ohne jegliche Hirnaktivitäten mit verschlossenen Ohren und abgedeckten Augen auf dem OP-Tisch lag. Operateur war der deutschstämmige Neurochirurg Robert F. Spetzler, der diese besondere OP-Methode erfand und vielfach erfolgreich durchführte. Der ganze Fall einschließlich des postoperativen Berichtes der Patientin füllte viele Fachzeitschriften. Außerdem hat Pamela Reynolds ausführlich in einer Sendung der BBC mit dem Titel „The Day I Died" ihre Erlebnisse geschildert. Diese Dokumentation war auch im deutschen Fernsehen unter der Überschrift „Begegnungen mit dem Tod" zu sehen. Und es gibt laut Peter Vajkoczy bis heute keine schlüssige Erklärung für dieses Phänomen. War das ein Hinweis auf die in der Quantenmechanik bekannte Verschränkung von Ionen oder gar auf die Seele ? Auch dazu später mehr.

Vorab aber steht nach meiner Überzeugung das cogito, ergo sum auch erst ganz am Ende unserer Entwicklung. Zuerst kommt das sentio, ergo sum, denn wir erfühlen unsere Umwelt schon bald nach der Verschmelzung von Eizelle mit dem Spermium im Mutterleib, warm, stoßfrei und geborgen schwimmend in einem See von Fruchtwasser. Wer dies nicht als das größte Wunder unsere Menschwerdung begreift, hat nichts von der Welt verstanden. Und der Prozess des erfühlenden Erkundens unserer Umwelt setzt sich fort nach der Geburt am Körper unserer Mütter. Wir spüren ihre Haut, saugen an ihrer Brust und werden von warmen Händen gepflegt und getragen. Wir hören ihre Stimme und riechen ihren Körper. Das prägt uns ein ganzes Leben lang.

Dass es aber irgendwann dazu kommen kann, dass wir trotz allen Denkens nicht mehr das Gefühl haben, wirklich zu leben, ist eine bestürzende Entwicklung unserer Zeit. Dann heißt es nicht mehr: cogito, ergo sum sondern sentio me, ergo sum. Das heißt: wir müssen uns erst einmal wieder selbst spüren, um zu leben !

Auch dazu später mehr.

Kalte, unbeseelte Materie, also schwingende Atomteilchen, verwandelt sich in einen lebenden, fühlenden und denkenden Organismus um. Das ist schlicht das Wunder des Lebens. Deshalb dürfen wir immer wieder aufs Neue ehrfürchtig staunen, wenn aus zwei winzigen Zellen, einer Eizelle und einem Spermium, ein Mensch entsteht.

Das alles verbirgt sich hinter dem uralten göttlichen Auftrag, seid fruchtbar und mehret Euch. Daraus aber ein Dogma abzuleiten, geht fehl und ist deshalb unzulässig. Wer in diesem göttlichen Auftrag die Pflicht zur Fortpflanzung erkennen will, den ehelichen Beischlaf nur als Akt dieser Pflichterfüllung gestattet, verrennt sich. Er stuft die körperliche Liebe herab auf die Stufe eines Deckaktes, eines auf Fortpflanzung reduzierten physischen Vorganges. Das entspricht nicht dem göttlichen Auftrag. Vielmehr sollen Kinder das gewollte Ergebnis umfassender Liebe zweier Menschen zueinander sein. Ein Kind, das so gezeugt wird, hat ganz sicher keinen Schwangerschaftsabbruch zu fürchten. Deshalb muss auch die vor allem von der katholischen Kirche bekämpfte Empfängnisverhütung gestattet sein, um ungewollte Schwangerschaften zu verhindern. In der Bibel steht jedenfalls nichts davon geschrieben, dass Empfängnisverhütung eine Sünde sei. Im Gegenteil ist eine verantwortungsvolle Familienplanung das Gebot der Stunde. Wie es ohne diese rationale und moralische Grenzziehung geht, ist an der Überbevölkerung in vielen afrikanischen und asiatischen Ländern abzulesen. Dass dort einige Regierungschefs „zur Befreiung der Eierstöcke" ihrer Frauen aufrufen und andere mit Hilfe deren Bäuche die reichen Länder in die Knie zwingen wollen, ist an Dummheit und Menschenverachtung nicht zu überbieten. Dies und die Armut, der Hunger und die Verelendung vor allem der Kinder führen verstärkt zu politischen Verwerfungen vor Ort und in der Folge zu Flucht und Emigration. Das wiederum stellt auch und gerade die sogenannten reichen Länder insbesondere in Europa vor besondere Probleme, die noch zusätzlich durch die Folgen der Globalisierung verstärkt werden.

Wer nur hundert Jahre zurück schaut, wird erkennen, dass es auch in Deutschland viele Familien mit fünf bis zehn Kindern gab. Auch hier herrschte in weiten Teilen der Bevölkerung Armut und Elend mit hoher Kindersterblichkeit. Dafür waren vor allem die Mangelernährung in Verbindung mit den schlechten hygienischen Zuständen verantwortlich. Da lief vielerorts noch das Abwasser mit dem Regenwasser im Rinnstein neben geschotterten Straßen und das Plumpsklo war noch in Betrieb. Gebadet wurde am Samstag in einer großen Zinkwanne in der Küche.

Die Mutterschaft wurde in den Dienst von hirnrissigen politischen Zielen gestellt. Mühsam aufgezogene

Kinder verrotteten als Soldaten auf Schlachtfeldern, in Gefangenenlagern oder kamen als Krüppel an Leib und Seele beschädigt aus den Kriegen zurück. Das hat in der Folge in den „entwickelten" Ländern dazu geführt, dass viele junge Menschen sehr intensiv darüber nachdenken, ob sie es noch riskieren können und wollen, eine Familie zu gründen und Kinder in die Welt zu setzen. Deshalb überaltert unsere Gesellschaft wie auch die vieler anderer Länder in Europa. Erstaunlich war in dem Zusammenhang die Ein-Kind-Politik der chinesischen Regierung, die inzwischen wieder wegen der sich abzeichnenden Überalterung gelockert wurde. Und auch bei uns sollte die Familienpolitik das Thema Kind wieder viel stärker als bisher in das öffentliche Bewusstsein rücken. Ein Volk ohne Kinder ist dem Tod geweiht. Deshalb sollte man es jungen Familien sehr viel leichter machen, einen Kinderwunsch umzusetzen, als es heute der Fall ist. Neben einem ausreichend bemessenen Startkapital sollte für jedes Kind ein Kitaplatz bereitgestellt werden, damit die jungen Mütter ohne Angst, ihre Arbeit zu verlieren oder in ihrer beruflichen Karriere ausgebremst zu werden, mit Freude ihrer Niederkunft entgegensehen können.

Auch die Arbeitgeber sind gefordert. Sie müssen verpflichtet werden, ihren Mitarbeiterinnen einen Platz für ihr Kind in einem firmeneigenen Kindergarten zuzusichern. Kleinere Unternehmen müssen sich notfalls zusammenschließen.

Im Ausland nutzt man die geringe Geburtenrate hierzulande politisch aus, fördert die eigenen Geburten, um „mit den Bäuchen der Frauen" insbesondere die wohlhabenden europäischen Länder zu durchsetzen und sich auf diese Weise ein großes Stück von dem dort erarbeiteten Wohlstandskuchen zu ergattern. Das geht zum Beispiel so: man schickt die jungen Menschen in großer Zahl als Flüchtlinge in die wohlhabenden Länder, wo sie in deren Sozialsysteme Eingang finden. Diese schicken dann die erhaltenen Gelder nach Hause und stützen auf diese Weise die durch vielfältige Kriege und Stammesfehden zerrütteten Volkswirtschaften. Dass sich dadurch die Situation der eigenen Bevölkerung zusehends verschlechtert, wird aus Angst vor Beschimpfung der als Gutmenschen treffend bezeichneten Eiferer immer noch ignoriert. Doch ich bin mir sicher, dass dies nicht dem Grundgedanken unserer Religion entspricht. Barmherzigkeit und Nächstenliebe gibt es nicht unerschöpflich. Das wird geflissentlich übersehen. Jesus sagt ganz klar: Liebe ist nur dort zu finden, wo es Gerechtigkeit gibt. Nimmt die Ungerechtigkeit überhand, wird in manchen die Liebe erkalten (Matth. 24, 12).

Um diesen Satz richtig zu verstehen, muss man sich klar machen, was unter dem Begriff der Un-Gerechtigkeit gemeint ist. Jesus bezeichnet damit den Frevel, den Verrat untereinander, Streit und Krieg. Er prangert damit an, dass sich das Böse immer mehr durchsetzt und die göttliche, selbstlose hingebende und aufopfernde Liebe verdrängt. Diese Liebe ist aber der Gottesfunke im Menschen, der Anteil am ewigen Leben.

Dieser Gottesfunke, von dem Jesus spricht, korrespondiert mit der großen Kraft, die die Welt am Laufen hält, die unsere Atome in dauernde Schwingungen versetzt und unser Dasein sichert. Wenn dieser Gottesfunke im Menschen wirkt, sich also in ihm befindet und damit Teil seiner selbst ist, dann kann man mit Fug und Recht davon ausgehen, dass der Mensch auch Teil Gottes ist. Der Münchner Physiker Hans-Peter Dürr (07.10.1929 – 18.05.2014) hat das einmal so beschrieben: "Du kannst nicht von Gott reden, weil Gott eigentlich das Ganze ist. Und wenn er das Ganze ist, dann schließt er Dich mit ein."

Gerechtigkeit ist nach unserem, auf der antiken Philosophie (des Platon in der Politeia) als auf einer Tugend beruhendem Verständnis der Maßstab für einen menschlichen Verhaltenskodex. Danach müssen Gleiches gleich und Ungleiches ungleich behandelt werden. Gerechtigkeit besteht, wenn man das Seine tut und nicht vielerlei Dinge treibt, so wie es seinem Wesen, seinen Möglichkeiten und den individuellen Umständen entspricht. Und jeder soll dementsprechend das Seine bekommen und niemandem soll das Seine genommen werden. Ulpian stellt dem Corpus Iuris Civile den Satz voran; Die Gerechtigkeit ist der beständige und dauerhafte Wille, jedem sein Recht zukommen zu lassen. Sein „Iusitia est constans et perpetua voluntas ius suum tribuendi" wurde zur Ordensidee des von Friedrich I. gestifteten Schwarzen Adlerordens und zudem preußisches Staatsmotto.

Auf Immanuel Kant geht die Feststellung zurück: Gerecht ist, was die positiven Gesetze einer Rechtsordnung festlegen, aber auch, was dem Vernunftrecht entspricht.

Nach diesem Vernunftrecht gibt es ein inneres Mein und Dein sowie ein äußeres Mein und Dein. Das innere Mein und Dein ist das Recht an der eigenen Person gemeint, das Menschenrecht, sein eigener Herr und unbescholten zu sein. Das äußere Mein und Dein stellt auf das Recht an dem durch eigene Handlungen Erworbenen ab.

Leider gibt es nur wenig Vernünftiges und Gutes, das nicht auch ins Gegenteil verkehrt werden könnte. So haben die Nationalsozialisten das „suum cuique" in widerlichster Weise missbraucht. Als Motto über dem Eingangstor des KZ Buchenwald zeigte es den Gefangenen, dass sie das bekommen, was ihnen der Rassenwahn des Dritten Reiches als aus der nationalsozialistischen Volksgemeinschaft Ausgesonderten zugewiesen hatte.

Nach 1945 wurde festgelegt, dass jedem Bürger in einem Gemeinwesen, heute würde man dazu im Staat sagen, das zuteilwerden soll, das ihm zusteht, wenn er im Gegenzug das tut, was ihm nach seinen Fähigkeiten und seinen Möglichkeiten angesichts der konkreten Umstände zugemutet werden kann.

Zu den „Zumutungen" in diesem wohlverstandenen Interesse der Bürger und des Gemeinwohls gehört die solidarische Unterstützung der Schwachen und Bedürftigen. In Deutschland hat das seinen Niederschlag im Grundgesetz gefunden. Nach Artikel 20 Abs. 1 GG ist die Bundesrepublik Deutschland ein sozialer Bundesstaat. Art. 28 Abs.1 S.1 GG bindet die Bundesländer an die Grundsätze des sozialen Bundesstaates. In der Umsetzung dieses Sozialstaatsprinzips wurde ein soziales Netz geknüpft, das weltweit große Anerkennung findet. Doch wie immer und überall hat alles seine zwei Seiten. So segensreich diese Regelung auch ist, besteht die Gefahr des Missbrauchs. Viele Zuwanderer kommen in der Absicht, auch in den Genuss der finanziellen Wohltaten zu gelangen, die dieses soziale Netz bietet. Dass das nicht Sinn der Sache sein kann, liegt auf der Hand. Die Staatsbelastung durch die Aufwendungen für das soziale Netz steigt unaufhörlich und führt inzwischen zu massiven Auseinandersetzungen, sogar regelrechten Verteilungskämpfen und zur Spaltung der Gesellschaft. Diese Spaltung wird noch verstärkt durch die stetig steigenden Vermögen der Reichen und Superreichen, während auf der anderen Seite der Mittelstand immer weiter in die Verarmung abrutscht.

Zuletzt hat die Boston Consulting Group in ihrem Global Wealth Report darüber berichtet, dass die Vermögen der Menschen mit mehr als 100 Millionen Dollar im Jahr 2023 um mehr als 10 % zugelegt haben (Spiegel Wirtschaft vom 10.07.2024: Superreiche werden noch superreicher). In Deutschland ermittelte die Studie 3.300 Superreiche und damit 300 mehr als im Vorjahr. Damit liegt Deutschland an dritter Stelle hinter den USA mit 26.000 und China mit 8.300 Superreichen. Welche Dimension das hat, wird so richtig klar, wenn man noch die Einwohnerzahlen in den genannten Ländern miteinander vergleicht. Da kommen die USA auf rd 340 Mio und China -geschätzt- auf 1,426 Milliarden Einwohner im Jahr 2023! Die Zahlen stammen von Statista. Wenn es hierzulande bei einer Bevölkerung von 84,67 Mio die schon sehr stattliche Zahl von 3.300 Superreichen gibt, dann erscheinen die Zahlen plötzlich in einem noch viel helleren und zugleich äußerst unappetitlichen Licht.

Der eigentliche Skandal besteht darin, dass es der Politik nicht gelingt, diesen Zustand durch entsprechende Gesetze zu korrigieren. So hat das Bundesverfassungsgericht mit Urteil vom 17.12.2014 -1 BvL 21/12 ein neues Gesetz zur Regelung der Erbschaftssteuer bis spätestens 30.06. 2016 gefordert. Es hat bis 2023 gedauert, bis ein neues Gesetz erlassen wurde. Dieses ist aber aufgrund des Einflusses des Kapitals auf den

Inhalt so schlecht gemacht, dass schon wieder Verfassungsbeschwerde erhoben wurde (1 BvR 804/22). Es ist zu wünschen, dass das Gericht dieses Mal klare inhaltliche Vorgaben macht, wie eine verfassungskonforme Regelung auszusehen hat und zudem einen Zeitpunkt festlegt, bis zu dem das Gesetz in Kraft getreten sein muss.

Nimmt man Jesus ernst, dann wäre das eine Maßnahme, die sich positiv auf das Wiedererstarken der Liebe in vielen von uns auswirken würde. Denn wie hat er es ganz unmissverständlich formuliert? Nimmt aber die Ungerechtigkeit Überhand, wird die Liebe in manchen erkalten. Dann darf man sich nicht wundern, wenn mit dem Erkalten der Liebe der Menschen zu sich selbst und dann auch zu den Mitmenschen das Miteinander auf der Strecke bleibt. Das Ergebnis ist Vereinsamung. Vielleicht hat Jesus schon damals unsere heutige gesellschaftliche Misere vorausgesehen, die in der zunehmenden Vereinsamung der Menschen besteht. Mit dieser Vereinsamung wächst die Angst, im Alter ohne Hilfe zu sein, vor allem aber davor, allein sterben zu müssen. Aber Folge des Erkaltens der Liebe ist nicht nur die Vereinsamung, sondern auch die Verrohung der Menschen. Wie oft lesen wir davon, dass Opfern von tätlichen Angriffen nicht geholfen wird, dass viele Leute einfach vorbei gehen, ohne den Attackierten zu Hilfe zu kommen oder auch nur die Polizei zu rufen! Wie oft verstellen Gaffer den Rettungskräften den Weg zu Einsatzorten, weil sie Fotos von den Opfern ergattern wollen und/oder sich nur am Leid der Betroffenen ergötzen. Um dieses Verhalten zu unterbinden, mussten eigens gesetzliche Regelungen geschaffen werden, die das unter Strafe stellen.

Angst vor Vereinsamung habe ich aus drei Gründen nicht: Einmal lebe ich in einer intakten Familie, die in guten wie in schlechten Zeiten fest zusammensteht und auf die ich mich verlassen kann. Zum anderen habe ich das erlebt, was man gemeinhin Nahtoderfahrung nennt. Im Verlaufe eines nahezu ein ganzes Jahr andauernden Kampfes gegen Krebs musste ich mich einer Hochdosis-Chemotherapie unter-ziehen, die den Weg für eine Stammzell-Transplantation ebnen sollte. Durch die über 24 Stunden hinweg laufenden Infusionen wurde mein Körper an den Rand einer Vergiftung gebracht, um alle im Kreislauf befindlichen Krebszellen in meinem Blut und im Knochenmark zu zerstören. Ich lag wegen der nunmehr akut bestehenden Infektionsgefahr streng isoliert und unter höchstem Reinraumstandard in einem sehr unwirklichen und zugleich bedrückenden Zustand zwischen Leben und Tod saft- und kraftlos in meinem Bett und dämmerte meinem Ende entgegen. Ich verstarb nur deshalb nicht, weil mich die bis zur Unkenntlichkeit vermummten Ärzte und Pflegekräfte mit unzähligen Bluttransfusionen am Leben erhielten. Als ich dann auch noch eine Allergie gegen die Blutkonserven entwickelte, wurde ich bewusstlos. Was dann mit mir geschah, weiß ich nicht. Berichten zufolge brachte man sofort zusätzliche mobile Geräte ins Zimmer und holte mich zu meinem Missfallen irgendwie wieder in die sehr schmerzvolle, angstgesättigte unschöne Wirklichkeit zurück. Da, von wo ich zurückgeholt wurde, war es zwar dunkel, aber warm und leicht. Ich hatte das Gefühl zu schweben wie ein Schmetterling. Ich konnte sogar den Luftzug spüren. Es war jedenfalls sehr angenehm und angstfrei. Wenn sich so der Weg aus der Welt beschreiten lässt: weshalb sollte man dann furchtsam sein?

Und zum dritten bin ich davon überzeugt, dass aufgrund der eingangs schon genannten naturwissenschaftlichen Erkenntnisse unser aller Existenz nicht mit dem biologischen Tod zu Ende ist. Die energetische Existenz bleibt. Nach dem physikalischen Gesetz von der Energieerhaltung (ausformuliert und im Zusammenhang mit dem Bericht über die Konstanz der Kraft von Hermann von Helmholtz am 23.07.1847 in Berlin vorgestellt) kann Energie nicht hergestellt und auch nicht vernichtet werden. Sie ist da, manchmal nicht sofort als solche zu erkennen wie etwa ein Brocken Steinkohle, der im Kraftwerk eine Turbine antreibt, die Strom erzeugt. Sie kann eben nur in andere physikalische Zustände überführt werden. Bestes Beispiel ist die elektrische Energie. Sie kann leicht in Wärme, Licht und Antriebskraft umgewandelt werden. Nicht zu vergessen die für die Menschheit inzwischen unentbehrliche Verwendung in Computern zur Herstellung von Daten. Und genau so stelle ich mir meine Seele vor.

Dies ist im Übrigen auch das immer öfter von Naturwissenschaftlern gebrauchte Bild, wenn es um die elektromagnetischen Vorgänge in unserem Körper und da vor allem in unserem Kopf geht. Unser Gehirn reagiert auf von außen kommende Impulse und Reize (Input), greift sie auf und verarbeitet sie entweder zu Bildern, die dann abgespeichert und/oder weiter verarbeitet werden oder veranlasst körperliche Reaktionen/Handlungen (Output). Unser Denken ähnelt also den Abläufen eines Computers. Dabei finden sich erstaunliche Anlagen in unseren Nervenbahnen, die der Computersoftware ähneln und für die es immer noch keine überzeugende Erklärung gibt. Ein solches „Programm" ist der Fluchtinstinkt, der sich sowohl bei Menschen als auch bei Tieren findet. Es handelt sich dabei um ein wohl angeborenes spontanes und meist schematisch ablaufendes Verhalten ohne Überlegung (vergl. dazu ausführlich und sehr informativ: Barbara Knapp, Sind Instinkte erlernt? in www.spektrum.de vom 31.05.2017).

Ein anderes Phänomen beschreibt der amerikanische Maler Edward Hopper sehr schön in einem Brief von 1939 an den Direktor der Addison Gallery of American Art in Andover, Massachusetts, Mr. Charles H.

Sawyer so: „Kunst ist in so hohem Maße ein Ausdruck des Unterbewussten, dass es mir scheint, dass sie dem Unbewussten das Wichtigste verdankt und das Bewusstsein nur eine untergeordnete Rolle spielt."

Ähnliches hat der schon zu Lebzeiten berühmte Popmusiker Paul Simon im Zusammenhang mit der Entstehung seiner weltweit bekannten Melodie zu dem Song „The Sound of Silence" berichtet. Er hatte die Melodie plötzlich im Kopf ohne zu wissen, woher.
Und wenn man bei Immanuel Kant, dessen 300. Geburtstag wir 2024 gefeiert haben, nachliest, findet man bei diesem äußerst kritischen Geist den Begriff der a priori-Erkenntnisse, Das sind solche, die der Mensch „unabhängig von der Erfahrung und jeglichen Eindrücken der Sinne gewinnt", sondern über die er aufgrund vorgegebener metaphysischer oder mathematischer Sätze zu denken hat. Damit meint er, dass es in jedem Menschen etwas gibt, das nicht vom Verstand her zu begründen ist, einen inneren Schatz aus von Anfang an vorhandenen Gewissheiten.

Hans-Peter Dürr, ein Schüler Heisenbergs sagt es so: "Das, was wir Diesseits nennen, ist im Grunde die Schlacke, die Materie, also das, was greifbar ist. Das Jenseits ist alles Übrige, die umfassendere Wirklichkeit, das viel Größere" (so zitiert von Rolf Froböse in Deutschlandfunk, Sendung vom 24.12.2013 unter dem Titel: Die Physik und die unsterbliche Seele). Und mal ehrlich: wer denkt bei solchen Fragen schon an Ernst Bloch, den ruppigen Grübler? Das sollte man aber, denn er weiß nur zu gut, dass Not zum Denken zwingt. Und auch dazu ein Sprichwort: Not macht erfinderisch. Erfinderisch kann aber auch in der Not nur der sein, der zu denken beginnt oder zuvor gedachte Gedanken zu Ende bringt.

Ich finde es jedenfalls erstaunlich, dass der Skeptiker Ernst Bloch davon spricht, die Materie sei als das Grundprinzip des noch nicht Seienden zu begreifen. Materie ist nach seiner Auffassung ein Prozess, er nennt ihn „Weltprozess", weil am Ende der Geschichte die „Heimat" als letzte Wahrheit der Natur erreicht ist (Ernst Bloch, Experimentum Mundi, GS Bd. 15, S.229 ff).

Es spielen sich also viele Dinge zwischen Himmel und Erde ab, die wir nicht oder besser gesagt, noch nicht verstehen, weil unser Gehirn noch nicht gelernt hat, diese Informationen in für uns begreifbare Bilder umzusetzen. Manche von uns meinen, das alles als Unfug und Spinnereien abtun zu müssen, so wie es in dem schönen Lied heißt: „So sind wohl manche Sachen, die wir getrost verlachen, weil unsere Augen sie nicht sehen" (Matthias Claudius: Der Mond ist aufgegangen). Wenn wir uns nicht selbst ausrotten, wird die weitere Entwicklung unserer geistigen Fähigkeiten uns auch das ermöglichen. Unserem Gehirn sind nach meiner

Überzeugung keine Grenzen gesetzt. Dazu braucht es keine implantierten Chips und sonstigen künstlichen Kapazitätserweiterungen.

Was aber auch wichtig ist, wird gern übersehen: die Selbstfindung. Dabei geht es nicht um esoterische Übungen und Schamanismus, um sich in Trance zu setzen, sondern um die ernsthafte Beschäftigung mit sich selbst. Dass das schon immer von Bedeutung war, zeigen die einschlägigen Sprichwörter und Volksweisheiten wie Selbsterkenntnis ist der erste Weg zur Besserung

Warum Selbstfindung? Weil wir uns in Wahrheit gar nicht kennen. Jeder Fremde, der uns begegnet, kennt uns zwangsläufig besser als wir uns selbst: Er sieht uns auch von hinten. Unsere dunkle Rückseite kennen wir schon deshalb nicht, weil wir sie nie zu Gesicht bekommen, allenfalls auf von Dritten hergestellten Fotos oder Filmsequenzen.

Und weil wir zum anderen auch im Alter längst nicht alle in uns im Verborgenen angelegten Verhaltensmuster kennengelernt haben. Wir überraschen uns doch selbst immer wieder durch Aktionen und Reaktionen auf Impulse von außen, die wir nicht für möglich gehalten hätten. Dies gilt es zu ergründen, den Umgang mit solchen Überraschungen zu perfektionieren und sich über den Sinn solcher Geschehnisse klar zu werden, Einsichten zu gewinnen. Der schon häufiger genannte Immanuel Kant sagt: wir müssen deshalb an uns arbeiten, weil wir mit Jesus Christus das Ideal eines göttlichen Menschen in uns tragen, dem wir beständig nacheifern, ohne es jedoch irgendwann zu erreichen. Das hat er in seinem kategorischen Imperativ als Grundlage moralischen Verhaltens ein für alle Mal postuliert.

Es geht also nicht darum, sich in sein Schneckenhaus zurückzuziehen und den Deckel zu schließen, sondern die dauernde Empfangsbereitschaft für wie auch immer geartete und auf welchen Wegen ankommende Impulse. Wer seine Antennen nicht ausgefahren hat, kann keinen Empfang haben. Wer nicht sucht, der wird auch nichts finden. So einfach ist das Leben.

Bei aller Aufmerksamkeit nach außen bleibt man bei der Selbstfindung ruhig, weil sich bei der Suche nach sich selbst Gutes und weniger Gutes finden lässt, das sich letztlich ausbalanciert. Denn niemand ist nur gut und auch nicht nur schlecht.

Wenn Ernst Bloch meint, die Materie sei noch unfertig und entwickle sich weiter bis sie die „Heimat" erreicht und Immanuel Kant die Feststellung trifft, wir Menschen könnten trotz aller Bemühungen dem Ideal des Gottesmenschen in uns nicht gleich werden, dann entspricht das auch der Aussage von Jesus Christus, als er zu dem Mann, der ihn mit guter Meister anspricht, sagt: was nennst du mich gut? Niemand ist gut als Gott allein (Markus 10,18; Lukas 18,19). Die Physik hat uns zu der Erkenntnis verholfen, dass am Ende unseres irdischen Lebens die uns in Bewegung gehaltene Energie für immer erhalten bleibt und im Kosmos weiterhin ihren Platz hat. Christen nennen diese Energie ihre Seele. Und wir sollen und könne an unserer Seele arbeiten, indem wir uns dem in uns befindlichen Ideal anzunähern versuchen. Diese Arbeit ist messbar. Wir erwerben Weisheit durch eine Sammlung von Erkenntnissen, also gleichsam Datenpakete, mit denen wir unsere Festplatte bestücken und sie aus Platzgründen in der Cloud ablegen. Nun wissen wir zwar alle, dass dieses Bild einer Datenwolke eben nur ein schönes Bild ist, hinter dem in Wahrheit eine Vielzahl von Servern steht, die als Speicherplatz zur Verfügung gestellt werden. Gleichwohl eignet es sich durchaus, um das zu beschreiben, was sich in der vierten Raum-/Zeit- Dimension und eventuell in noch weiteren Dimensionen abspielt. Da arbeiten kleinste Teilchen, die sich verschränkend an verschiedenen weit auseinander liegenden Punkten gleichzeitig befinden und sogar dicke Betonwände durchdringen können. Einzelne dieser Vorgänge kann man schon messen und mittelbar beobachten, wobei einzelne Teilchen in eine unerklärliche Starre verfallen. Aber die meisten Abläufe bleiben unerkannt. Und in diesem Raum bewegt sich unsere Seele. Wir spüren sie, wir vernehmen Zeichen und Hinweise, sind uns aber nicht immer darüber einig, ob sie echt oder nur Spinnerei oder gar nur üble Tricksereien sind. Man denke etwa an die verifizierten Erfahrungen, die zum Beispiel eineiige Zwillinge im

Zusammenhang mit einschneidenden Erfahrungen des jeweils anderen Teils machen, wenn sie Mit-Leid- oder Mit-Glücksgefühle verspüren, ohne zuvor auf „normalem" Weg informiert worden zu sein. Oder man rufe sich die vielen Berichte von Müttern in Erinnerung, die plötzlich die Gewissheit hatten, dass ihren Söhnen in der Ferne ein großes Unglück zugestoßen war, sie vielleicht gestorben waren, lange bevor sie die offizielle Mitteilung darüber erreichte. Wer sich aber mit Einsteins spukhafter Fernwirkung verschränkter Teilchen befasst, lacht darüber nicht mehr so laut.

Ich bin mir sicher, dass meine mich am biologischen Leben erhaltende Energie, die Teil des ganzen Kosmos ist und die ich meine Seele nenne, nicht untergeht. Diese Gewissheit trägt mich über alle Schwierigkeiten und Probleme hinweg.

Abbildung: Flurskapelle Ulmet

Literaturverzeichnis

1. Aristoteles: Physik (Unbewegter Beweger); etwa 347 vor Chr.
2. Francis Bacon: Meditationes Sacrae, 1597
3. Harry Belafonte: Sänger für Gerechtigkeit; www.evangelische-zeitung.de, 25.04.2023
4. Ernst Bloch: Die Lehren von der Materie; Suhrkamp Verlag; 1978
5. Nils Bohr/Werner Heisenberg: Kopenhagener Deutung; www.cosmos-indirekt.de
6. Michael Bordt: Platons Theologie; Karl Alber Verlag Freiburg 2006
7. Martin Buber: Du kannst dein Leben nicht verlängern; www.sinndeslebens24.de, 10.11.2024
8. Clyde Cowan/Frederick Reines: Cowan-Reines-Neutrinoexperiment; www.cosmos-indirekt.de, 23.09.2024
9. Hans-Peter Dürr: Am Anfang war der Quantengeist; PM-Magazin 05/2007, www.web-archive.org
10. Jörg Fegert. Sexueller Missbrauch; Thesenpapier Uni-Klinikum Ulm, Juni 2020
11. Jörg Fegert/Mechthild Wolff: Sexueller Mißbrauch durch Professionelle in Institutionen; Juventa-Beltz Verlag, Weinheim 02.10.2006
12. Johann Wolfgang von Goethe: Faust („Gretchenfrage"), Mathens Garten, 1808; Das Göttliche (Gedicht), 1783
13. Stephane Hessel: Empört Euch; Ullstein Buchverlage Berlin, 04.02.2011

14. Heraklit von Ephesos: Panta rhei in Metzler Lexikon Philosophie; www.spektrum.de

15. Werner Heisenberg: Positivismus, Metaphysik und Religion; S. Hirzel Verlag Stuttgart 1952

16. Johannes Hirschberger: Geschichte der Philosophie; Komet Verlag 2003

17. Tomas Hobbbes: Widmungsbrief zu De Cive, 1642; www.philomag.de/manzini; 11.04.2023

18. R. Corby Hovis/Helge Kragh: Paul Dirac und das schöne in der Physik; www.spektrum.de, 01.07.1993

19. Sören Imöhl: Warum die Reichen immer reicher werden; www.wiwo.de; 17.10.2024

20. Immanuel Kant:
    Kritik der reinen Vernunft, Anaconda Verlag Köln 2011; Zum ewigen Frieden; Insel-Verlag Leipzig, März 1917

21. Barbara Knapp: Sind Instinkte erlernt?; www.spektrum.de, 31.05.2017

22. Lao-Tse: Vom Sinn und Leben; Eugen Diederichs Verlag, Jena 1921

23. Roland Lehencq/Jean-Sébastien Steyer: Wie viele Dimensionen hat unser Universum? www.spektrum.de, 29.08.2021

24. Liz Langley: Von der Raupe zum Schmetterling; www.nationalgeographic.de 12.08.2020

25. Martin Luther: Von der Freiheit eines Christenmenschen; Denkschrift von 1520; Reclam Studienausgabe

26. Alexander und Margarete Mitscherlich: Die Unfähigkeit zu trauern; R. Piper & Co. Verlag, München 1967

27. Wolfgang Pauli: Physik und Erkenntnistheorie; Springer Fachmedien, Wiesbaden, 1961

28. Max Planck: Wissenschaft und Glaube und Religion und Naturwissenschaft, Union Verlag Berlin, 1988

29. Platon: Nomoi 895 e – 896 a

30. Katharina Rutschky: Schwarze Pädagogik: Quellen zur Naturgeschichte der   bürgerlichen Erziehung; Ullstein Taschenbuch Berlin, 01.01.1997

31. Antoine Saint-Exupery: Der kleine Prinz; Karl Rauch Verlag, Düsseldorf 2014

32. Lutz Schrader: Dosier Kriege, Konflikte; www.bpb.de/themen/konflikte; 14.11.2022

33. Erwin Schrödinger: Die gegenwärtige Situation in der Quantenmechanik; Naturwissenschaften, Springer Band 23, 1935

34. Peter Sloterdijk: Desillusionierung ist wunderbar; www.thepioneer.de, 24.12.2023

35. Rudolf Tischner: Vierte Dimension und Okkultismus; Edition Geheimes Wissen, Graz 2007

36. Peter Vajkoczy: Kopfarbeit; Droemer Knaur Verlag 01.04.2022

37. Carl Friedrich von Weizsäcker

38. Natalie Welchover: Verrückter Quanteneffekt erneut experimentell bestätigt; www.spektrum.de, 11.04.2017

39. Oscar Wilde: Ziel des Lebens ist Selbstverwirklichung; www.sinndeslebens24.de; 10.01.2024